思歸集

萬論千經語義繁　纂歸一卷便流觀
分明說與還家樂　好做豐碑指路看
佛言祖語輯精賅　淨土詩成正可懷
漫道有家歸未得　鄉心無盡似西齋

釋如岑——敬輯
印光法師——鑒定

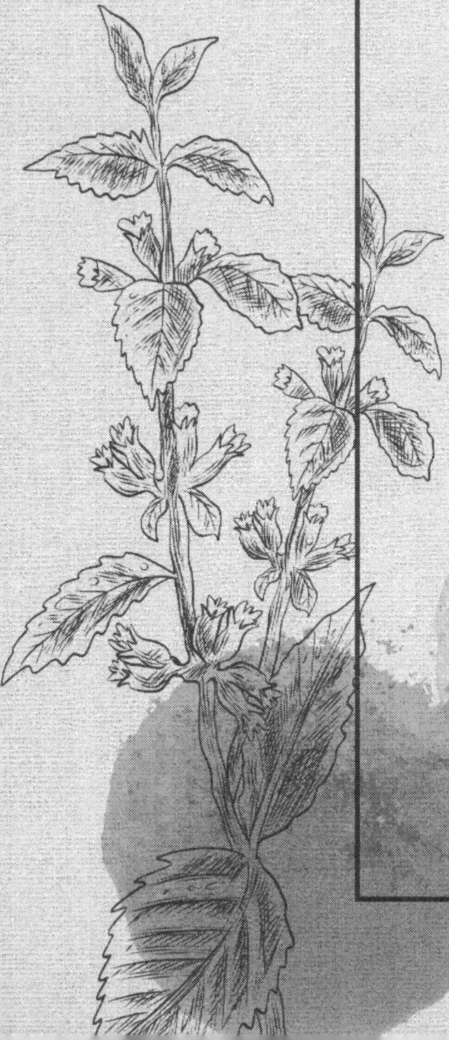

極樂世界莊嚴圖

思歸集香港再版敘

曩年居燕都，聞有思歸集一書，亟欲求得一覽，未果。甲午夏，客香江，從友人處覩之，如獲珍寶，即手抄一本備覽。乙未春，得張郭能諦居士施資由華南學佛院出版，書甫出，即分發告罄。暹羅謝普揚廖振祥二居士，接讀是書，深感契機，書未卒讀，即馳函翻印。旋越南南洋等地，亦相繼致函附印。具見今時修淨業者多，而每苦於不知門路，則是書之出，實有因病與藥應機施教之益。惟時異地易，書旣屢經翻版，內容一再增訂，顧與原書體例，稍有不符。如卷首刊有印老廿八年序文，並有印光法師鑑定字樣。但書內又述及印弘二老示寂等事，而弘老示寂又後於印老，此明係再版時增訂。因初版已留紙模，不便更動，故特先予說明，願後之覽是書者，幸勿致疑，則功德莫大焉。欣值香港再版，爲識其因緣如此。

乙未孟冬大光敬敘

思歸集發刊序

淨土法門。其大無外。如天普覆。似地均擎。上之則等覺菩薩。不能超出其外。下之則逆惡罪人。亦可預入其中。誠可謂三世諸佛之總持法門。一代時教之特別妙道也。但以法門大而攝機溥。用力少而得效速。致稍通宗教者。皆藐視之。謂爲愚夫愚婦之修持法門。而不知佛力自力之大小難易。不可以語言文字形容也。以一切法門。依戒定慧力。修到業盡情空地位。方有了生死分。業盡情空。豈易言哉。斷見惑如斷四十里流。況思惑乎。縱令見地高深。以煩惑未斷。仍舊輪迴。再一受生。退者萬有十千。進者億少三四。自力之不足恃。敢矜己智。而不隨順如來誓願攝受之道乎。修淨土法門者。但具真信切願。志誠懇切。如子憶母。而念其平素所作所爲。不與佛法世誼相悖。則臨命終時。蒙佛接引。往生西方。縱絲毫惑業未斷。帶業往生者，其所得尚超過業盡情空之阿羅漢上，以種性不同故。況已斷者，又何待言。以佛力不可思議，法力不可思議，衆生心力不可思議，合此佛法二不可思議，之力，俾自心之力，得以圓顯，此自力與不仗佛法力之自力迥別。固與專仗自力者，奚啻恆河沙數之天淵懸殊也。是知此之法門，不可以一切普通法門之道理論，以是特別法門故也。余嘗有聯云，法門廣大，普被三根，因茲九界同歸，十方共讚。佛願洪深，不遺一物，故得千經併闡，萬論均宣。華嚴普賢行願品，盡華藏世界海法身大士，十住，十行，十迴向，十地，等覺，四十一位，均一致進行，依普賢菩薩教，以十大願王功德，求生西方，以期圓滿佛果。彼矜己智而藐淨土者，爲超過此諸菩薩之上，爲是喪心病狂，求升反墜，弄巧成拙也。宏揚淨土經書，多難勝數，如岑大師，錄其佛菩薩祖師，及近世各學人言論，近世知識稱爲學人者·以前有佛菩薩祖師故·切勿疑訝。名思歸集，祈光作序。光少不努力。老無所能。但將五十九年所信之義書之。以塞其責。聊表普願同倫同生西方之愚誠。至於大智慧人之譏誚唾罵。所不計也。爰爲之歌曰。應當發願願往生。客路溪山任彼戀。自是不歸歸便得。故鄉風月有誰爭。思歸諸君祈各注意。

民國二十八年己卯冬至前三日七十九歲粥飯僧釋印光謹撰

題思歸集 截句十首

萬論千經語義繁。纂歸一卷便流觀。分明說與還家樂。好作豐碑指路看。

佛言祖語輯精賅。淨土詩成正可懷。漫道有家歸未得。鄉心無盡似西齋。

背父飄流五十年。現成家業在西天。思量金臂遙垂處。忍使如來望眼穿。

業盡情空未易幾。法王方便妙難思。而今識得還鄉路。驀直趨歸七寶池。

娑婆樂少苦尤多。欲斷生因可若何。浪子還家真樂事。原來慈父是彌陀。

佛念衆生如憶子。衆生背父久離鄉。莫教逃逝長違遠。功德池中水正香。

輪迴萬刧與千生。早備資糧信願行。十萬億程原在卽。未應邊地住疑城。

迷途未遠莫遲囘。準擬蓮邦歸去來。到得家園團聚處。藕花香裏坐金臺。

七重寶樹燦光華。九品香臺四色花。都攝六根成淨念。始知安養是吾家。

法聽樓閣玲瓏處。身在毫光照耀中。水鳥風林都唱佛。無邊樂事是蓮宗。

書雲黃覺三十年正月上元日

思歸集目次

思歸集卷一

印光法師鑑定　　思歸子釋如岑敬輯

皈命發願偈

皈命西方佛法僧．願乞慈悲冥加被。令依是集修學者．悉得往生證不退。

本師釋迦牟尼佛

梵語釋迦牟尼．此云能仁寂滅．釋迦是姓．牟尼是名．佛．譯覺者．當中國周昭王二十六年．四月初八日．示生於中印度．迦毘羅國王宮中．爲太子名悉達．父王名淨飯．母名摩耶．從右脅生．十九出家．三十成道．說法五十年．住世八十載．滅度於拘尸那城．娑羅雙樹間．時周穆王五十三年．二月十五日也．詳如別傳。

佛說阿彌陀經云．從是西方過十萬億佛土．有世界名曰極樂。其土有佛號阿彌陀．今現在說法。又云彼土何故名爲極樂．其國衆生．無有衆苦．但受諸樂．故名極樂。又云．彼佛何故號阿彌陀．彼佛光明無量．照十方國．無所障礙。是故號爲阿彌陀。彼佛壽命。及其人民。無量無邊阿僧祇劫。故名阿彌陀。又云衆生生者。皆是阿鞞跋致。其中多有一生補處。其數甚多。非是算數所能知之。但可以無量無邊阿僧祇說。又云衆生聞者。應當發願。願生彼國。所以者何。得與如是諸上善人俱會一處。又云若有善男子善女人。聞說阿彌陀佛。執持名號。若一日。若二日。若三日。若四日。若五日。若六日。若七日。一心不亂。其人臨命終時。阿彌陀佛與諸聖衆。現在其前。是人終時。心不顚倒。卽得往生阿彌陀佛極樂國土。又云。汝等衆生。當信是稱讚不可思議功德一切諸佛所護念經。○十六觀經云。欲生彼國者。當修三福。一者孝養父母。奉事師長。慈心不殺。修十善業。二者受持三皈。具足衆戒。不犯威儀。三者發菩提心。深信因果。讀誦大乘。勸進行者。如此三事。名爲淨業。○大集經云。端坐繫念。專心想彼阿彌陀佛。如是相好。如是威儀、如是大衆、如是說法、如是繫念、心心相續、次第不亂。……是人必覩阿彌陀佛。……譬如世間、若男若女、遠行他國、於睡夢中、見本居家。時實不知爲晝爲夜、而亦不知爲內爲外。是人爾時所有眼根、牆壁石山終不能障。乃至幽冥黑暗、亦不爲礙。……積念薰修、久觀明利、故終得覩彼阿彌陀佛也。○寶積經云、爾時彌勒菩薩白佛言、世尊。如佛所說阿彌陀佛、極樂世界、功德利益。若有衆生、發十種心。一心專念向於阿彌陀佛。是人命終、當得往生彼佛世界。世尊。何等名爲發十種心。由是心故、當得往生彼佛世界。佛告彌勒菩薩言、彌勒。如是十心、非諸凡愚不善丈夫之所能發。何等爲十。一者於諸衆生、起於大慈、無損害心。二者於諸衆生、起於大悲、無逼惱心。三者於佛正法、不惜生命、樂守護心。四者於一切法、發生勝忍、無執著心。五者不貪利養恭敬、尊重淨意樂心。六者求佛種智、於一切時、無忘失心。七者於諸衆生・尊重恭敬・無下劣心。八者不著世論・於菩提分生決定心。九者種諸善根・無有雜染清淨之心。十者於諸如來捨離諸相・起隨念心。彌勒。是名菩薩發十種心・由是心故當得往生阿彌陀佛極樂世界。彌勒。若人於此十種心中・隨成一心・樂欲往生彼佛世界・若不得生・無有是處。

導師阿彌陀佛

梵語阿彌陀・此云無量壽・又云無量光・即西方極樂世界之教主・按鼓音王經・過去劫中有妙喜國・王號憍尸迦・時有佛名世自在王・憍尸迦投佛出家・號曰法藏・又無量壽經云・法藏比丘・於世自在王佛所・發無上菩提心・又發四十八願・每願皆云・若不爾者・誓不成佛・時大地震動・天雨妙華・空中讚言・決定成佛。

佛說無量壽經・四十八願之第十八願云・設我得佛・十方衆生・至心信樂・欲生我國・乃至十念・若不生者・不取正覺・唯除五逆・誹謗正法。第十九願云・設我得佛・十方衆生・發菩提心・修諸功德・至心發願・欲生我國・臨壽終時・假令不與大衆圍繞・現其人前者・不取正覺。第二十願云・設我得佛・十方衆生・聞我名號・繫念我國・植衆德本・至心迴向・欲生我國・不果遂者・不取正覺。第三願云・設我得佛・國中人天・不悉具足真金色者・不取正覺。第十六願云・設我得佛・國中人天・乃至聞有不善名者・不取正覺。第二十一願云・設我得佛・國中人天。不悉成滿三十二大人相者・不取正覺。

觀世音菩薩梵語阿那婆婁吉低輸・此云觀世音・按悲華經・往昔寶藏佛時・阿彌陀佛爲輪王・菩薩爲第一太子・名不眴・對佛發宏誓願已・蒙佛更名觀世音・并授以遍出一切功德山王佛之記・現在極樂世界・輔佛宏化・後補彌陀之位・時轉極樂名一切珍寶所成就世界・其他因行果德・及本迹應化・詳如・法華・楞嚴・大悲授記等經。

大悲心陀羅尼經云・稱我本師阿彌陀佛・常須供養・專稱名號。得無量福・滅無量罪・命終往生阿彌陀佛國。如來授手摩頂・告言汝莫恐怖・來生我國。○觀世音菩薩授記經云・發阿耨多羅三藐三菩提心・願生我國・皆見安樂世界・阿彌陀佛・菩薩聲聞。既見是已・歡喜踴躍・唱如是言・南無阿彌陀如來・應供・正徧知。此時衆中八萬四千衆生・皆發阿耨多羅三藐三菩提心・及種善根・願生彼國。〇十一面觀自在經云・以淨信心・殷重憶念・作意現世得十種利益。復得四種功德。一者臨命終時・得見如來。二者不生惡趣。三者不非命終。四者從此世沒・得生極樂國土。

大勢至菩薩梵語摩訶那鉢・此云大勢至・按悲華經・往昔寶藏佛時・阿彌陀佛爲輪王・菩薩爲第二太子・名尼摩・對佛發宏誓願已・蒙佛更名得大勢・并授以善住珍寶山王佛之記・現在極樂世界・位居第二補處・成佛次於觀世音後・其世界・時劫・佛事等・與觀世音同・楞嚴經載其所說之念佛法門・最爲精切・凡修淨業者・俱宜遵行。

楞嚴經云・我憶往昔恆河沙劫・有佛出世・名無量光・十二如來・相繼一劫。其最後佛・名超日月光。彼佛教我念佛三昧。譬如有人・一專爲憶・一人專忘。如是二人・若逢不逢・或見非見。二人相憶・二憶念深・如是乃至從生至生同於形影。不相乖異。十方如來。憐念衆生。如母憶子。若子逃逝。雖憶何爲。子若憶母。如母憶時。母子歷生。不相違遠。若衆生心。憶佛念佛。現前當來。必定見佛。去佛不遠。不假方便。自得心開。如染香人。身有香氣。此則名曰香光莊嚴。我本因地。以念佛心。入無生忍。今於此界。攝念佛人。歸於淨土。佛問圓通。我無選擇。都攝六根。淨念相繼。得三摩地。斯爲第一。

文殊師利菩薩 或云曼殊室利。此云妙德。亦云妙吉祥。按悲華經。寶藏佛時。阿彌陀佛爲輪王。菩薩爲第三太子。名王衆。對佛發宏誓願已。蒙佛更名文殊師利。并授記於未來南方清淨無垢寶寘世界成佛。號普現。又文殊般涅槃經云。文殊示生於舍衛國。多羅村。梵德婆羅門家。從右脅出。身紫金色。墮地能語。尋去於佛前出家。

華嚴經云。爾時光明。過千世界。一切處文殊菩薩。各於佛所。同時說言。一切威儀中。常念佛功德。晝夜無暫斷。如是業應作。○觀佛三昧海經云。文殊自敘宿因。謂得念佛三昧。當生淨土。世尊記之曰。汝當往生極樂世界。

文殊發願偈云。願我命終時，盡除諸障礙。面見阿彌陀。往生安樂刹。生彼佛國已。成滿諸大願。阿彌陀如來。現前授我記。○淨土聖賢錄云。唐法照大師蒙文殊以威神力攝入五台聖境。照見作禮請問修行要道。文殊告曰。汝今念佛。今正是時。諸修行門。無過念佛。供養三寶。福慧雙修。此之二門最爲善要。我於過去劫中。因觀佛故。因念佛故。因供養故。得一切種智。是故一切諸法。般若波羅密。甚深禪定。乃至諸佛。皆從念佛而生。故知念佛。是諸法之王。照問。當云何念。文殊言。此世界西。有阿彌陀佛。彼佛願力不可思議。汝當憶念。令勿間斷。命終決定往生。永不退轉。語已。舒金色臂摩照頂曰。汝念佛故。不久當證無上菩提。照受記已。歡喜作禮而退。

普賢菩薩

梵語邲輸跋陀。此云普賢。按悲華經。寶藏佛時。阿彌陀佛爲輪王。菩薩爲第八太子。名泯圖。對佛發大誓願已。蒙佛更名普賢。并授記於未來北方知水善住淨功德世界成佛。號智剛吼自在相王。又按華嚴經。菩薩既爲毘盧遮那佛之佐輔．尚以十大願王．導華藏海衆諸大菩薩．同歸極樂世界．我等下凡．可不發願追隨乎。

華嚴經云．普賢菩薩稱讚如來勝功德已．告諸菩薩及善才言．善男子．若欲成就此功德者．當發十種廣大行願．一者禮敬諸佛．二者稱讚如來．三者廣修供養．四者懺悔業障．五者隨喜功德．六者請轉法輪．七者請佛住世．八者常隨佛學．九者恆順衆生．十者普皆迴向。或復有人以深信心．於此大願．受持讀誦．乃至書寫一四句偈．速能滅除五無間業．臨命終時．最後剎那．一切諸根．悉皆散壞……唯此願王．不相捨離．於一切時．引導其前．一剎那中．卽得往生極樂世界。偈曰．願我臨欲命終時．盡除一切諸障礙．面見彼佛阿彌陀．卽得往生安樂剎．我卽往生彼國已．現前成就此大願．一切圓滿盡無餘．利樂一切衆生界。彼佛衆會咸清淨．我時於勝蓮花生．親見如來無量光．現前授我菩提記。○如來不思議境界經云．爾時世尊．

入於三昧。名如來不思議境界。普賢菩薩告德藏菩薩言。若有善男子。善女人。爲求無上菩提。發心欲證此三昧者。是人要須先修智慧。以此三昧由慧得故。修智慧者。應當遠離妄言綺語。及諸散亂無益之事。詣精舍中觀佛形像。金色莊嚴。或純金成。相好具足。無量化佛在圓光中。次第而坐。卽於像前頭面禮足。作是思惟。我聞十方無量諸佛。今現在世。所謂一切義成佛。阿彌陀佛。……於彼諸佛。隨心所樂尊重之處生大淨信。想佛形像。作彼如來眞實之身。恭敬尊重。如現前見。上下諦觀。一心不亂。往空閑處。端坐思惟。如佛現前一手量許。心常繫念不令忘失。若暫忘失。復應往觀。如是觀時。生極尊重恭敬之心。如佛眞身現在其前。了了分明。不復於彼作形像解。見已卽應於彼佛所。以妙花鬘末香塗香恭敬右遶。種種供養。彼應如是。一心繫念常如世尊現其前住。然佛世尊。一切見者。一切聞者。

一切知者．悉知我心．如是審復想見成已．還詣空處．繫念在前．不令忘失．一心勤修．滿三七日．若福德者．卽見如來現在其前．其有先世造罪業障．不得見者．若能一心精進不退．更無異想．還得速見。何以故．若有爲求無上菩提．於一事中．專心修習．無不成辦。譬如有人．於大海中．飲一掬水．卽爲已飲閻浮提中一切河水．菩薩若能修習此菩提海．則爲已修一切三昧．諸忍諸地諸陀羅尼。又云自心作佛．離心無佛．乃至三世一切諸佛．亦復如是。皆無所有．唯依自心。菩薩若能了知諸佛．及一切法．皆唯心量．得隨順忍．或入初地．捨身速生妙喜世界．或生極樂淨佛土中．常見如來．親承供養。

馬鳴菩薩梵語阿濕縛矩沙・此云馬鳴・按傳燈錄謂菩薩生時・感動諸馬悲鳴故・又善能說法・能令諸馬聞已悲鳴垂淚故・當佛滅度六百年後・西域九十六種外道復興・大毀佛法・菩薩乃示生於東印度・桑岐多國・廣造諸論・顯正摧

邪・所造大乘起信論・勸人念佛求生西方・臨終入龍奮迅三昧・涌身虛空・光燦如日・還復本位・而取涅槃。

大乘起信論云・應當勇猛精進・晝夜六時・禮拜諸佛・誠心懺悔・勸請隨喜・迴向菩提・常不休廢・得免諸障・善根增長故。又云・如來有勝方便・攝護信心・謂以專憶念佛因緣・隨願得生他方佛土・常見於佛・永離惡道。如修多羅說・若人專念西方阿彌陀佛・所修善根・迴向願求生彼世界・卽得往生。常見佛故・終無有退。若觀彼佛・眞如法身・常勤修習・畢竟得生住正定故。

龍樹菩薩梵語那伽曷樹那・此云龍樹・因生於樹下・得道於龍宮故・南天竺梵志之裔・博通世學・出家三月・遂通三藏・時龍王迎入龍宮・開閱龍藏九旬・未及萬一・卽悟無生・乃還人間・大弘佛教・所著婆沙論・勸人念佛求生西方・後入月輪定而寂・佛於楞伽經中謂・當來南天竺・有龍樹比丘・能顯中道義・得證初地・往生極樂・適符佛記。

大智度論云・念佛三昧・能除種種煩惱及先世罪。復次念佛三昧有大福德・能度衆生。是諸菩薩・欲度衆生・修餘三昧・無如此念佛三昧福德・能速滅諸罪。復次佛爲法王。菩薩爲法將。所尊重者。惟佛世尊。復次菩薩常善修念佛因緣故。常值諸佛。如般舟經中說。菩薩入是三昧。卽現生阿彌陀佛國。○婆沙論云。阿彌陀佛本願如是。若人念我稱名自皈。斯人必定得阿耨多羅三藐三菩提。是故常應憶念。以偈讚曰。無量光明慧。身如眞金山。我今身口意合掌稽首禮。又云。佛足千輻輪柔軟蓮花色。見者皆歡喜。頭面禮佛足。又云。眉間白毫光。猶如淸淨月。增益其面光。頭面禮佛足。又云。若人願作佛。心念阿彌陀。應時爲現身。是故我皈命。又云。人能念是佛。無量力功德。卽時必入定。是故我常念。又云。若人種善根。疑則華不開。信心淸淨者。華開則見佛。又云。以此福因緣。所獲上妙德。願諸衆生類。皆亦悉當得。

天親菩薩

梵語婆藪槃豆。此云天親。天竺富婁沙國人。出家後樂聞小乘。輒毀大乘經典。後聞其兄無著。

多方啓發・乃悟前非・欲自斷舌・其兄止之曰・昔以舌毀大乘・今以舌讚大乘・補過自新・猶未晚也・斷舌絶言・其利安在・天親於是精研覃思・製大乘論・凡百餘部・並行於世・所著往生論・發揮淨土莊嚴利益・甚爲詳明・念佛者・極宜注意。

無量壽經論云・修五念門成就者・畢竟得生安樂國土・見阿彌陀佛。何等五念門・一者禮拜門・二者讚歎門・三者作願門・四者觀察門・五者迴向門・云何禮拜・身禮拜阿彌陀佛・爲生彼國意故。云何讚歎・口讚歎彼如來名・如彼如來光明智相・如彼名義・欲如實修行相應故。云何作願・一心專念・畢竟往生安樂國土・入如實修行奢摩他故。云何觀察・正念觀彼・欲如實修行毘婆舍那故。彼觀察有三種。何等爲三・一者觀察彼佛國土功德莊嚴。二者觀察阿彌陀佛功德莊嚴。三者觀察彼諸菩薩莊嚴。云何迴向・於彼觀察不捨一切苦惱衆生・同願生彼安樂國土。願心所有功德善根・以巧方便作願迴向攝取衆生不捨一切故偈云世尊我一心皈命盡十方無礙光如來往生安樂國我作論說偈願見阿彌陀普共諸衆生往生安樂國。

覺明妙行菩薩 按西方確指菩薩自敘夙因云我昔於晉明帝時受貧子身為貧苦故乃發願念佛求生西方於是七日七夜專精憶念便得心開親見極樂世界蒙佛授記後果往生繼以度生願重隨類現身攝受羣品又淨土聖賢錄云菩薩以往昔因緣故於明崇禎十六年迄清順治四年降於吳門隨機倡導開闡淨土法門。

西方確指云我昔於晉明帝時受貧子身為貧苦故乃發大願云我以宿業受此苦報若我今日不得見阿彌陀佛生極樂國成就一切功德者縱令喪身終不退息。誓已七日七夜專精憶念便得心開見阿彌陀佛相好光明滿十方界。我於佛前親蒙授記。後年七十五而坐脫竟生極樂後以度生願重再來此土隨方顯化。○心本無念念逐想生。此想虛妄流轉生死。當知此一句阿彌陀佛。不從想生。不從念有。不著內外。無有相貌。卽是盡諸妄想。與佛法身。非一非異。不可分別。如是念者。無煩惱塵勞。無斷無縛。止是一心。必得一心。方得名爲執持名號。方得名爲一心不亂。○念佛不能一心者。但息想定慮。徐徐念去。要使聲合乎心。心合乎聲。念久自得諸念澄清。心境絕照。證入念佛三昧。偈曰。少說一句話。多念一句佛。打得念頭死。許汝法身活。○念佛預先當發大願。願生極樂。然後至誠懇切。稱於阿彌陀佛。必使聲緣於心。心緣於聲。聲聲心相依。久久不失。則入憶念三昧。○大抵修淨業人。行住坐臥。起居飲食。俱宜西向。則機感易投。根境易熟。室中只供一佛一經一爐。一棹一牀一椅。不得放一多餘物件。庭中亦掃除潔淨。使經行無礙。要使此心一絲不掛。萬慮俱忘。空洞洞地。不知有身。不知有世。更不知我今日所作是修行之事。如是則與道日親。與世日隔。可以趨向淨業矣。○修淨業之法。不出專勤二字。專則不別爲一事。勤則不虛棄一時。又持名之法。必須字字句句。聲心相依。不雜分毫。世念久久成熟。決定得生極樂世界。坐寶蓮花。登不退地。

思歸集卷一終

附大慈菩薩發願偈

十方三世佛。阿彌陀第一。九品度衆生。威德無窮極。我今大歸依。懺悔三業罪。凡有諸福善。至心用迴向。願同念佛人。感應隨時現。臨終西方境。分明在目前。見聞皆精進。同生極樂國。見佛了生死。如佛度一切。

覺明妙行菩薩

印光法師鑑定

思歸子釋如岑敬輯

慧遠大師蓮宗初祖也．賈姓．雁門人．學精儒老．年廿一．遂聞道安法師講般若經．因悟曰．儒老皆糠粃耳．出家．誓弘佛教．安歎曰．使法流傳中國．其在遠乎．後入廬山．感雷雨運木以建東林．又鑿池種蓮．因號蓮社．集衆六時念佛．求生西方．在山卅餘載．雖帝詔亦不出．曾三覩聖像．均只默記．義熙十二年．佛再現．乃端坐入滅．年八十有三。

師云．念佛三昧者何．思專想寂之謂也。思專則志一不分．想寂則氣虛神朗。氣虛則智悟其照．神朗則無幽不徹。斯二乃自然之玄符．會一而致用也。又諸三昧．其名甚衆．功高易進．念佛為先。何者．窮玄極寂．尊號如來。體神合變．應不以方。故令入斯定者．昧然忘知．即所緣以成鑑．鑑明則內照交映．而萬相生焉。非耳目之所暨．而聞見行焉。於是靈相湛一．清明自然．

元音叩心・滯情融朗。非天下之至妙・孰能與於此哉。所以奉法諸賢・咸思一揆之契・感寸陰之將頹・懼來儲之未積。於是洗心法堂・整襟淸向。夜分忘寢・夙興唯勤・庶夫貞詰之功・以通三乘之志。仰援超步拔茅之興・俯引弱進・乘策其後。以此覽衆篇之揮翰・豈從文詠而已哉。

曇鸞大師 雁門人・少遊五台・感靈異出家・嗜長生・受陶隱仙經十卷・後遇菩提流支・問曰・佛有長生術否・支授以十六觀經曰・此佛教之長生法也・鸞大喜・遂焚仙經・專修淨業・雖疾病不稍閒・魏主號爲神鸞・臨終誡衆曰・勞生役役・其止無日・地獄不可不懼・淨業不可不修・因令弟子高聲念佛・向西稽首而去・衆聞天樂西來・良久乃寂。

師云・於發願之外・更以發菩提心爲最要・往生與否以此爲衡。又略論安樂淨土義云・云何名爲十念相續。答曰・譬如有人・於曠野處值遇怨賊・拔刃奮勇直來欲殺。其人勁走・視渡一河・若得渡河・首領可全。爾時但念渡河方便。我至河岸・爲著衣渡・爲脫衣渡・若著衣衲・恐不得過・若脫衣衲・恐不得暇。但有此念更無他緣。一念何當渡河．即是一念。如是不雜用心．名爲十念相續．行者亦爾。念阿彌陀佛．如彼念渡．逕於十念．若念佛名字．若念佛相好．若念佛光明．若念佛神力．若念佛功德．若念佛智慧．若念佛本願．無他心間雜．心心相次．乃至十念．名爲十念相續。又宜於平時．約三五同志．共結要言．垂命終時．迭相開曉。爲稱阿彌陀佛名號．勉其願生．聲聲相續．使成十念也。

智者大師

諱智顗．台宗初祖也．陳姓．潁川人．生時神光照室．十八出家．參慧思於大蘇．師曰．昔日靈山．同聽法華云云．令專修．始三七日．即證法華三昧．自是智辯無礙．判佛一代所說．爲五時八教．撰淨土十疑論．勸人念佛．陳宣帝建寺請居．後隋煬帝從師受戒．賜號智者．旋歸天台．法化益盛．開皇十七年冬．向西念佛坐化．年六十七。

師云．欲決定生西方者．具二種行．定得生彼．一厭離行．二欣願行。厭離行者．常觀此身．不淨臭穢．唯苦無樂．深生厭離。婬欲煩惱．漸漸減少。又十想等觀。廣如經說。又發願。願我永離三界雜食臭穢膿血不淨。耽荒五欲男女等身。願得淨土法性生身。此爲厭離行。欣願行復二種。一先明求往生之意。二觀彼淨土莊嚴等事。欣心願求。明往生意者。所以求生淨土。爲救拔一切衆生苦。卽自思忖。我今無力救苦衆生。爲此求生淨土。親近諸佛。若證無生忍。方能於惡世救苦衆生。故往生論云。發菩提心者。正是願作佛心。願佛心。則是度衆生心。度生心。則是攝受衆生生佛國心。又云。悲智內融。定而常用。自在無礙。卽菩提心。此是願生之意。二明欣心願求者。希心起想。緣阿彌陀佛。若法身。若報身等。金色光明。八萬四千相。一一相八萬四千好。一一好。放八萬四千光明。常照法界。攝取念佛衆生。又觀彼土七寶莊嚴。妙樂等備。如無量壽經。十六觀經等。常行念佛三昧。及施戒修等一切善行。悉以迴施一切衆生。同生彼國。決定得生。此欣願門也。○五方便念佛門云、一凝心禪、二制心禪、三體真禪、四方便隨緣禪、五息二邊分別禪。凡住心一境名曰凝心。且如行者念佛之時、諦觀如來玉毫金相、凝然寂靜、了亮洞徹、名凝心禪。復次前雖凝心、所習慣馳散。今制之令還、諦緣金相、名制心禪。復次前雖制心得住定境、既非理觀、皆屬事修。今體本空誰制、無佛無念、名體真禪。復次前雖謂體真、猶滯空寂。無量名相昧然不知、今以無所得而爲方便。從空入假、萬相洞明。不爲空塵之所惑亂、名方便禪。復次體真及以方便各據空有、不離二邊。今諦觀靜亂本無相貌、名言路斷、思想亦絕、名息二邊禪。從淺至深、如是分別、圓觀亦無深淺、而淺深宛然。遂開念佛五門。第一稱名往生念佛三昧門。第二觀想滅罪念佛三昧門。第三諸境唯心念佛三昧門。第四心境俱離念佛三昧門。第五性起圓通念佛三昧門。假如行人、口稱南無阿彌陀佛時、心必願生彼國土，即是稱名往生門。行者想相佛身，專注不已，遂得見佛，光明赫奕，照觸行者。爾時所有罪障，皆悉消滅，即是觀相滅罪門。又觀此佛，從自心起，無別境界，即是諸境唯心門。又觀此心，亦無自相可得，即是心境俱離門。行者爾時，趣深寂定，放捨一切心意意識，將入涅槃。蒙十方佛，加被護念，興起智門。行者爾時，於一念頃，淨佛國土，成就衆生。如前門所有功德，百千萬分不及其一。何以故，無功用位，能以一身爲無量身，任運修習故，佛觀護故，諸佛法源，盡窮底故。普賢願因，悉圓滿故。本願力故。法如是故。即是性起圓通門。○約四教念佛云：夫心不獨生，必托緣起。行者念佛之時，意想爲因，如來毫光爲緣，亦名法塵。以對意根故，所起之念，即是所生法，觀此根塵能所，三相遷動，新新生滅，念念不住，分析方空，無佛無念，藏教小乘也。即觀念佛心起，能生所生，無不即空。妄謂心起，心實不起。起無自性。體之卽空。所觀佛相。如鏡中像。虛空華。無佛無念。通教大乘也。卽觀念佛心起。卽假名之法。淺深同鑒。無性無相。如觀掌中了知此心有如來藏。歷劫斷惑。方證眞常。離邊顯中。無佛無念。別教大乘也。卽觀念佛心起。卽空卽假卽中。若根若塵。並是法界緣起。一念亦爾。塵刹諸佛。一念照明。六道衆生。刹那普應。初卽是後。今始覺知。如大福人執石成寶。必無捨念。別求離念。卽邊而中。無佛無念。圓教大乘也。

道綽大師　衛姓。并州人。十四出家。習經論。晚事瓚師學禪。偶過壁谷玄宗寺。慕鸞師淨業。遂停講學。靜坐常向西。六時禮敬。念佛。日以七萬計。有僧在定中。見師手持數珠。如七寶山。他諸瑞應。未可殫述。講淨土三經幾二百遍。講畢。佛聲響徹林谷。昆連三縣中。凡七歲以上之孩子。皆知念佛。師臨終之日。衆見化佛住空。天華下雨而寂。

師云。凡修淨業者。不得背西坐臥。亦不得向西涕唾便利。蓋皈依蓮邦。應崇金地、心不殷重、非所以求往生也。○若欲會其二諦者、但知念念不可得、卽是智慧門。而能繫念相續不斷、卽是功德門。是故經云菩薩摩訶薩、恆以功德智慧、以修其心。若始學者、未能破相、但能依相專至、無不往生。○問若人但稱彌陀名號、能除十方衆生無明黑暗得往生者。然有衆生、稱名憶念、而無明猶在、不滿所願者何意、答由不如實修行、與名義不相應故也。所以者何、謂不知如來是實相身、是爲物身。復有三種不相應、一者信心不淳、若存若亡故。二者信心不一、謂無決定故。三者信心不相續、謂餘念間斷故。應須迭相收攝、勿使散亂。若能相續、卽是信心。但能一心、卽是淳心。若不生者、無有是處。

善導大師蓮宗二祖也・因見道綽之淨業道場・喜曰・此眞入佛之要津・遂至京師・激發四衆・長跪念佛・力竭方休・講淨土法門卅餘年・未嘗睡眠・所有䞋施・用寫彌陀經十萬餘卷・畫西方聖境三百餘壁・感化道俗甚衆・其間得

三昧生淨土者無算，一日登柳樹向西祝曰，願佛接我，往
生淨土，遂投身而寂，高宗欽其神異，賜寺額曰光明。

師云，大聖悲憐，直勸專稱名字者，正由稱名易故，相續卽生。若能念念相續，畢命爲期者，十卽十生，百卽百生。何以故，無雜緣得正念故。與佛本願相應故。不違教故。順佛語故。若捨專念修雜念者，百中希得一二，千中希得三四，因與上四種相反故。○凡人臨終，須不得怕死。常念此身多苦不淨。若得捨此幻身，超生善道，乃是稱意之事。○凡有疾病，但念無常，一心待死。囑看病問候人，凡來我前，爲我念佛，不得說眼前閒雜之話。若病重將終之際，不許有人哭泣，但同聲念佛，待氣盡方可舉哀。若得明解淨行之人，頻來策勵，實爲大幸，用此法者，決定往生。○死門甚大，須自家著力始得。一念差過，歷劫受苦，誰能相代，思之思之。○臨睡入觀禮想發願文云，弟子某等，自是生死凡夫，罪障深重，輪迴六道，苦不可言。今遇知識，得聞彌陀

名號本願功德・一心稱念・求願往生。願佛慈悲不捨・哀憐攝受。弟子某等・不識佛身相好光明・願佛示現・令我得見・及見觀音勢至諸菩薩衆・彼世界中清淨莊嚴・光明妙相等・令我了了得見。○凡臨睡時・觀西方勝境・或觀阿彌陀佛・相好光明。不得雜語雜想・亦不得求見瑞相。但辦專心・自有見時。或但稱佛號而睡。行者專取一法・不得雜用。務在久遠行之・必於淨土・功不唐捐也。

清涼大師諱澄觀・字大休・賢首宗之四祖也・會稽夏侯氏子・身長九尺四寸・雙手過膝・口四十齒・日記萬言・誕時光徹隣里・九歲出家・受具後・即以十事自勵・著述四百餘卷・歷九朝・爲七帝師・臨終趺坐西逝・世壽百二歲・文帝崇其道・輟朝三日・以理葬事・重臣皆縞素・荼毘得舍利數千粒・舌如紅蓮・火不能變・勅建塔寺・謚號清涼國師。

師云・有五種念佛門・學者應知。一緣想境界念佛門・二攝境唯心念佛門・

三心境無礙念佛門。四心境俱泯念佛門。五重重無盡念佛門。一緣想境界念佛門者。一心觀念阿彌陀佛。是二攝境唯心念佛門者。是心作佛。諸佛正遍知海。從心想生。是三心境無礙念佛門者。觀念佛時。是心即是三十二相。八十隨形好。是四心境俱泯念佛門者。是心是佛。諸佛正遍知海。從心想生。是心則佛相泯絕無寄。是佛則心想當體全空。二相不存。二性顯矣。五重重無盡念佛門者。諸佛如來是法界心。入一切衆生心想中是也。

懷感大師不詳所出。初與玄奘慈恩同爲法相宗人。秉持强毅。精苦力學。疑念佛少時。何以得生安養。叩問善導。導曰。諸佛誠言。豈有虛妄耶。令入道場念念取證。經三七日不覩靈瑞。自恨障深。欲絕食畢命。導不許。勸令精修三年。感化佛金色光。觀眉間毫相。遂證念佛三昧。因著淨土釋羣疑論七卷行世。臨終見化佛來迎。向西而逝。

師云。至心念佛。即意業行善也。稱佛名號。即口業行善也。合掌禮拜。即身業行善也。由此三業行善．能滅八十億刼生死重罪。行願相扶．決定往生。○現今學者．唯須勵聲念佛．三昧易成。小聲念佛．遂多馳散．此乃學者自知．非外人能曉矣。○暗室念佛一法．固無聖教。但初學之人．處於暗室．絕諸視聽．心捨諸緣．專一念佛．如是行者．三昧易成。故凡世間．欲思難事．未得了解．亂想難成．或掩室獨居．或閉目絕視．因茲恬靜．思事得成．此亦如斯。而不學之輩．於此生疑。曾修習者．深將爲要。

飛錫大師不詳所出．初學律儀．後與楚金法師．鑽研天台教觀．天寶初．遊京師．止終南紫閣草堂寺．專修淨業．嘗撰念佛三昧寶王論三卷行世．旋奉勅任千佛法華道場．時一行不空三藏譯經論．師任潤文之責．永泰初．又奉詔於大明宮內．同不空三藏及良賁等．參譯仁王般若經．及密嚴等經．師充證義正員．旋退隱．後不知其所終。

師云．世人念過去釋迦．想現在彌陀．獨未聞念未來諸佛何耶。以諸佛至尊也．衆生至卑也。高下出焉．羣妄興矣。敬傲立焉．一真隱矣。衆生若非如來。當佛何在。若知母因子貴。米以糠全。則念佛三昧。不速而成。以隨所念。
無非是佛故也。○世人多以寶玉木槵等爲數珠。吾以出入息爲念珠焉。
稱佛名號。隨之於息。大有恃怙。安懼一息不還。即屬後世者哉。余行住坐
臥。常用此珠。縱令昏寐。含佛而寢。覺即續之。必於夢中得見彼佛。如鑽木
煙飛火之前相。夢之不已。三昧成焉。面覩玉毫。親蒙授記。萬無一失也。問。
然則但能繼想。無取高聲乎。答。辟散之要。要存乎聲。聲之不厲。心竊無定。
有五義焉。拔茅連茹。乘策其後。畢命一對。長謝百憂。一也。聲光所及。萬禍
冰消。功德叢林。千山松茂。二也。金容熒煌以煥彩。寶華淅瀝而雨空。若指
諸掌。皆聲致焉。三也。如牽木石。重而不前。洪音發號。飄然輕舉。四也。與魔
軍戰。旗鼓相望。用聲律於戎軒。以定破於強敵。五也。喧靜兩全。止觀雙運。
叶乎佛意。不亦可乎。華嚴經云。寧受一切苦。得聞佛音聲。不受一切樂。而

不聞佛名。然則佛聲遠震．開善萌芽．猶春雷之動百草．安得輕誣哉。○世人謂念佛有念也．吾則謂念佛無念也。又念卽是空焉得有．非念滅空焉得無．念性本空焉得生滅。又無所念心者．應無所住也。而修念佛者．而生其心也。無所念心者．從無住本也。而修念佛者．立一切法也。無所念心者．念卽是空也。而修念佛者．空卽是念也。此明中道．雙寂雙照。照而常寂．無所念心矣。寂而常照．而修念佛焉。如來寂照三摩地．念佛三昧．究竟之位也。

承遠大師蓮宗三祖也・始學於成都唐公・次資川詵公・至荊州進學於玉泉真公・公令居衡山設教・從其化者萬計・一以念佛而開導之・始居山西南巖下・人遺食則食・不遺則食土泥・人與營居・德宗聞知・賜以彌陀寺額・後代宗因聞法照國師之言・知師有至德・度詔難起・特南嚮躬禮・賜其居曰・般舟道場・貞元十八年入寂・年九十一。

淨業彙編云．承遠大師．蓮宗三祖也。惜其法門．今不甚詳。就師本傳所載．

知師以專持名號爲正行・以布施持戒爲助行。傳云・師以專念法門・書之途巷。刻之溪谷。丕勤誘掖・以援於下。不求而道備・不言而物成。所有資生之具・施與餓疾・而自處於巖石之下。食土泥・茹草木・羸形垢面・躬負薪樵・雖天子不可徵・其自律可謂嚴矣。凡此皆師之淨土因行焉。○謹按有法照大師者・唐代宗朝之國師也。先自五台・親見文殊・教以念佛法門。後在廬山定中・神遊極樂。見一著惡衣侍佛者・佛告曰此衡山承遠也。出定訪之・乃從其學・後道傳天下。即此可知師道德之盛矣。

法照大師蓮宗四祖也・止衡州雲峯寺・慈忍戒定・爲時所宗・嘗於鉢內見五台聖境・後詣五台・親見文殊・爲說念佛法門・又嘗於湖東寺・開五會念佛・感祥雲寶閣・覩阿彌陀佛・及二菩薩・身滿虛空・又於并州五會念佛・代宗在宮中聞念佛聲・遣使追尋・乃見師勸化甚盛・遂詔入京・教宮人念佛・亦及五會・因號五會法師・臨終端坐而寂。

淨業彙編云・法照大師蓮宗四祖也。師之法門以五會念佛著稱。蓋依無量壽經所說淨剎寶樹。出五音聲。皆念三寶名。聞者得忍不退。至成佛道之語而作。其讚云第一會時平聲入。第二極妙演清音。第三盤旋如奏樂。第四要期用力吟。第五高聲唯速念。聞此五會悟無生。一到西方受快樂。永不輪迴出苦坑。發心念佛事須堅。臨終決定上金船。迴頭衆生皆得往。直上西方坐寶蓮。西方世界實爲精。彼土衆生不可輕。衣裓持華供養佛。還來本國飯經行。發心念佛度羣生。願此五會廣流行。六道三途皆攝取。蓮華會裏著眞名。勸君修道莫生瞋。法中無我亦無人。欲識西方求淨土。會是塵中不染塵。

本書前請印公鑑定時・當蒙函示云・「四祖五會念法・從未聞見・疑是後人僞造・張觀本謂此法能與淨宗・光殊不以爲然・祈再詳酌・以定去取」今諦審偈文・益信老人所言・誠具卓見・但四祖別無法語可錄・故權存之・輯者識。

少康大師・蓮宗五祖也・周姓・縉雲人・少通經論・兼善毘尼・貞元中・詣洛京白馬寺・見善導勸修淨土文放光

．因至長安善導影堂瞻禮．感善導現身空中曰．若依吾教．廣化有情．他日成功．必生淨土．師遂往新定．乞錢誘小兒念佛．竟致佛聲盈路．又嘗於烏龍山建淨土道場．集衆念佛．臨終放異光數道而逝．塔於臺子巖．故號臺巖法師。

淨業彙編云少康大師蓮宗五祖也。師之法門今不甚詳。就師本傳所載．係以厭穢欣淨．高聲念佛．兼行布施．為其行業。師常示衆云當於淨土．起欣樂心．於閻浮提．起厭離心。又師高聲念阿彌陀佛一聲．衆見一佛從口而出．乃至十聲皆然。又師乞錢誘人念佛。或勸念佛一聲．給與一錢．乃至念佛十聲．給與一錢。此所謂財法二施．方便攝受也。師亦嘗讚佛行道．

永明大師蓮宗六祖也．王姓．錢塘人．曾知稅務．以官錢贖生．罪當死．臨刑神色不變．乃放出家．先依翠巖禪師．繼參韶國師．蒙觀音以甘露灌口．遂獲智辯。著宗鏡錄百卷．又著萬善同歸集．指歸淨土．忠懿王請住永明寺．日課百八事．夜往別峯念佛．人聞天樂鳴空．誦法華經至一萬三千部．開寶八年．焚香告衆．趺坐而化．年七十有二。

師云．直須一心歸命．報盡精修。坐臥之間．常面西向．當行道禮拜之際．念佛發願之時，懇苦翹誠，無諸異念。如就刑戮，若在狴牢。怨賊所追，水火所逼。一心求救，願脫苦輪。速證無生，廣度含識。紹隆三寶，誓報四恩。如斯至誠，必不虛棄。如或言行不稱，信力輕微。無念念相續之心，有數數間斷之意。恃此懈怠，臨終望生，但爲業障所牽，恐難值其善友。風火逼迫，正念不成。何以故，如今是因，臨終是果。應須因實，果則不虛。聲和則響順，形直則影端也。○夫善惡二輪，苦樂二報，皆三業所造，四緣所生，六因所成，五果所攝。若一念心瞋恚邪婬，卽地獄業。慳貪不捨，卽餓鬼業。愚癡暗蔽，卽畜生業。我慢貢高，卽修羅業。堅持五戒，卽人業。精修十善，卽天業。證悟人空，卽聲聞業。知緣性離，卽緣覺業。六度齊修，卽菩薩業。眞慈平等，卽佛業。若心淨則香台寶閣，淨剎化生。心垢則邱陵坑坎，穢土稟質。皆是等倫之果，能感增上之緣。是以離自心源，更無別體。欲得淨果，但行淨因。○禪淨四料簡云。有禪無淨土。十人九蹉路。陰境若現前。瞥爾隨他去。無禪有淨土。萬修萬人去。但得見彌陀。何愁不開悟。有禪有淨土。猶如戴角虎。現世為人師。來生作佛祖。無禪無淨土。鐵床並銅柱。萬劫與千生。沒箇人依怙。

省常大師蓮宗七祖也。字造微。顏姓。錢塘人。七歲出家。十七受具。戒行嚴謹。通大乘起信論。修天台止觀。淳化中。住西湖昭慶寺。慕廬山之遺風。結淨行社。雕刻佛像。刺血寫經。率衆念佛。時相國王文正等士夫。一百廿三人。皆執弟子禮焉。天禧四年。正月十二日。端坐念佛。有頃。日。佛來也。泊然而化。衆見地色皆金。移時方隱。年六十二。

蓮宗纂要云。省常大師。蓮宗七祖也。師之淨土因行。以堅持戒律。專稱名號。發菩提心。結社互勵。四者著稱。按師本傳云。師住杭州昭慶寺。專修淨業。慕廬山遠公遺風。結淨行社。士大夫如相國王文正公旦等。一百二十人。自稱淨行弟子。與僧千人。同修淨業。師常刺血書華嚴淨行品。每書一字·三圍繞·三禮拜·三稱佛名·刊印千卷·分施千人。又以栴檀香·造毘盧佛·像成。跪前發願云·我與大衆·始從今日·發菩提心·窮未來際·行菩薩行·願盡此報身·以生安養。願力宏堅·蓋可知矣。

法智大師 號知禮·金姓·四明人·父母禱佛而生·七歲出家·深悟止觀玄旨·淳化中·受請主乾符寺·尋徙保恩院·敷揚教觀·適明州旱·與慈雲同修光明懺·約三日不雨·當自焚一手·如期果大雨·因勅易保恩院曰延慶寺·并賜法智大師之號··師遂建念佛施戒會·率衆行道·後又建日觀庵·送想西方··臨終對佛發願已·端坐而寂·年六十九。

師云·生安養者·國土莊嚴·身心清淨·直至成佛·不墮三途·經云·尚無惡道之名·何況有實。……衆生生者·皆是阿鞞跋致。若欲生彼·當稱彼佛號·修彼佛慈·必爲彼佛·本願攝取。捨此報身·定生彼國。具如經說·實非臆談。……俾成淨業·誓取往生。況劫濁命光·其猶風燭。一息不至·三途現前·何得自寬·不思來報。當依佛語·勿順人情。頓息攀緣·唯勤念佛。諸有志者·其各勉之。

遵式大師・葉姓・台州人・母禱觀音而生・廿歲受具・初學律

繼入國清研習台教・又行般舟行・篤志安養・苦至嘔血・以死自誓・夢觀音指其口・引出數蟲・指端又出甘露服之・覺而疾愈・旋居寶雲率衆念佛・嘗著大小彌陀懺法・述淨土決疑・及晨朝十念・往生略傳等行世・臨終時・炷香禮佛・願諸聖證明・往生淨土・已而念佛坐脫年六十九。

師云・欲修往生觀者・當於靜處向西趺坐。調氣定心・自想合生極樂世界。當便起心・生於彼想。於蓮華中・結跏趺坐・作華合想。作華開想・當華開時・有五百色光來照身想。作眼目開想。見佛菩薩・與國土想。即於佛前・坐聽妙法・及聞一切音聲・皆說所樂聞法・所聞要與十二部經合。作此想時・大須堅固・令心不散。心想明了・如眼所見・經久乃起。〇直想阿彌陀佛・丈六金身・住蓮花上。專繫眉間・白毫一相・其毫長一丈五尺・周圍五寸・外有八楞・其毫中空・右旋宛轉・在眉中間・瑩淨明徹・不可具說・顯映金顏・分齊分明。作此想時・停心注想・堅固勿移。然後應觀・想念所見・若成未成・皆想念因緣．無實性相．所有皆空．亦如鏡中面相．水中月影．如夢如幻．卽空卽假卽中．不一不異．非縱非橫．不可思議。心想寂靜．則能成就念佛三昧。○凡公臨私養．歷涉緣務．雖造次而常內心不忘於佛．及憶淨土。譬如世人．切事繫心．雖經歷語言．去來坐臥．種種作務．而不妨密憶．前事宛然．念佛之心．亦應如是。或若失念．處處攝還．久久成性．任運常憶。楞嚴經云．譬如此繫心．任運常遮．一切惡念。設欲作惡．憶佛之故．惡不能成。縱使隨惡作惡業時．心常下輭．如身有香．自然離臭。○晨起服飾已．向西合掌．連念阿彌陀佛。盡一口氣爲一念．如是十口氣．爲十念。氣之長短．聲之高低．念之緩急．皆隨己便。念畢．三作禮而退。日日當行．以畢命爲期。能如是者．決定得生．極樂世界。

慈覺大師 諱宗賾・襄陽人・幼禮真州長蘆寺秀禪師出家・深明宗要・元祐中・迎老母於東方丈・勸母念佛・七

年不間・臨終・果正念往生・師遵廬山之遺規・結蓮華勝會・普勸僧俗念佛・求生西方・夢感普賢・普慧・二菩薩・求書名入會・知獲聖賢幽贊・遂列二聖爲會首・自是向化者益衆・靈芝律師・稱師爲近代大乘導師・信哉・臨寂念佛坐化

師云。初心入道・忍力未淳・須托淨緣・以爲增上。何則・娑婆國土・釋迦已滅・彌勒未生。極樂世界・阿彌陀佛・現在說法。娑婆國土・觀音勢至・徒仰嘉名。極樂世界・彼上善人・親爲勝友。娑婆國土・諸魔競作・惱亂行人。極樂世界・大光明中・決無魔事。娑婆國土・邪聲擾亂・女色妖婬。極樂世界・水鳥樹林・咸宣妙法。正報清淨・實無女人。然則・修行緣具・無若西方。淺信之人・偏生疑謗。竊嘗論之。此方之人・無不厭俗舍之喧煩・慕蘭若之寂靜。故有捨家出家・則殷勤讚歎。而娑婆衆苦・何止俗舍之喧煩。極樂優游・豈直蘭若之寂靜。知出家爲美・而不願往生・其惑一也。萬里辛勤・遠求知識者・誠以發明大事・抉擇生死。而彌陀世尊・色心業勝・願力洪深・一演圓音・無不明契。

願參知識，而不欲見佛，其惑二也。叢林廣衆，皆樂棲遲。少衆道場，不欲依附。而極樂世界一生補處其數甚多。諸上善人，俱會一處。既欲親近叢林，而不慕清淨海衆，其惑三也。此方之人，上壽不過百歲。而童癡老耄，疾病相仍。昏沉睡眠，常居大半。菩薩猶昏隔陰，聲聞尚昧出胎。則尺璧寸陰，十喪其九。而未登不退，實爲寒心。西方之人，壽命無量。一托蓮胞，更無死苦，相續無間，直至菩提。所以便獲阿鞞跋致，佛階決定可期。流轉娑婆促景，而迷於淨土長年，其惑四也。若乃位居不退，果證無生。在欲無欲，居塵不塵。方能興無緣慈，運同體悲。回入塵勞，和光五濁。其有淺聞單慧，或與少善相應，便謂永出四流，高超十地。詆呵淨土，耽戀娑婆。掩目空歸，宛然流浪。並肩牛馬，接武泥犂。不知自是何人，比擬大權菩薩，其惑五也。故經云，應當發願，願生彼國。則不信諸佛誠言，不願往生淨土，豈不迷哉。……嗚呼，人無遠慮。必有近憂。一失人身。萬劫深悔。故率海衆。各念彌陀。百聲千聲。乃至萬聲。迴向同緣。願生彼國。竊冀蓮池勝會。金地法盟。倚互相資。必偕斯願。操舟順水。更加櫓棹之功。則十萬之遙。可不勞而至也。

慈照大師諱子元。號萬事休。茅姓。崑山人。母夢佛入門而生師。十九落髮。習止觀。後聞鴉聲悟道。於是利他心切。慕廬山蓮社遺風。建白蓮懺堂。撰白蓮懺法。代爲衆生禮佛懺悔。普勸大衆持戒念佛。求生安養。又述圓融四土三觀選佛圖。開示蓮宗眼目。孝宗詔至德壽殿。演說淨土法門。賜號白蓮導師。臨終合掌而逝。荼毘舍利無算。

師云。汝今欲修念佛三昧。求生淨土。速成佛果菩提者。須專以念佛爲正行。更以諸惡莫作。衆善奉行。所修一切善根。悉皆迴向淨土。成就念佛功德。速證菩提。可謂順水行船。更加艣棹矣。○早晚專心禮拜彌陀。如朝帝王。兩不失時。日就月親。心口與佛相應。去佛不遠。口念心想。心願見佛。發深重心。決信無疑。日久歲深。功夫純熟。自然三昧成就。○臨終有三疑四關・爲往生之障・須急除之。三疑者・一疑宿業極重・修持日淺・恐不得生。二疑債願未了・三毒未息・恐不得生。三疑我雖念佛・佛不來迎・恐不得生。四關者・或因病苦而謗彌陀。或因貪生而行牲祭。或因服藥而用酒腥。或因愛戀而繫家庭。

有嚴大師　胡姓・臨海人・六歲依靈鷲從師・十四受具・學於神照法師・悟一心三觀之旨・旋主赤城寺・後隱故山東峯・廬於樝木之傍・因自號樝庵・一鉢之外・不蓄分寸・嚴護戒律・專修淨業・所得三昧・每現瑞應・凡有著述・均闡蓮宗・靖國元年・一日天神降空報曰・師淨業成矣・又夢池中大蓮花・天樂圍繞・乃作自餞詩・郤後七日趺坐而化

師云・原夫佛慈接物・方便多門。有定散之善焉。有佛法之力焉。有事福而假願力迴向焉。有垂終歔怖而賴求救焉。如是等類・百千萬數・但藉其一・必得往生。定善者・修心妙觀・首楞嚴定是也。散善者・如無量壽經・十念念佛・亦得往生是也。佛力者・緣阿彌陀佛・大悲願力・攝取念佛衆生。衆生承佛願力。卽得往生。如劣夫從轉輪王。一日一夜。周行四天下。非其自力。輪王之力也。法力者。如佛告蓮華明王菩薩。令誦灌頂神咒。加持沙土。散亡者尸。或亡者墓。彼之亡者。或墮地獄餓鬼畜生中。承是真言生極樂國是也。事福假迴向者。慈心不殺。具諸戒善。受持密咒。讀誦大乘。種種福善。迴向莊嚴。成淨土因。得生極樂是也。垂終求救者。臨命終時。火車相現。稱佛力故。猛火化爲清涼風。如僧雄俊。及張鍾馗。一稱佛號。共生淨土是也。

道琛大師彭姓。樂清人。十八受具。初學律。後從明法寺淵師參究向上。建炎三年。勅主資福院。賜號圓辯。專修念佛三昧。嘗於定中見法智大師。覺而頓明台宗要旨。行法華三昧。感普賢放光。遂建淨土繫念會。集衆念佛。臨終衆聞異香滿室。師曰。佛來接我矣。書偈曰。唯心淨土。本無迷悟。歸去來兮。卽入初住。令誦安樂行品。未終而寂。

師云。或曰。唯心淨土。本性彌陀。爲當往生。爲卽心是。若往生者。何謂唯心。若卽心是。何故經云。過十萬億佛土耶。答曰。當知十界四土。若淨若穢。不離我心，此但直具而已。若達全具爲偏，偏彼生佛。彼彼生佛，互偏亦爾。趣舉一法，是法界之大都。互具各具，互融互攝，參而不雜，離亦不分。一多自在，不相留礙。夫如是者，豈有娑婆釋迦，樂邦彌陀，而離我心耶。故輔行曰，學者縱知內心具三千法，不知我心偏彼三千，彼彼三千互偏亦爾。苟順凡情，生內外見，應照理體，本無四性。心佛衆生，三無差別。今更以譬喻顯之，如彼帝釋殿上，千珠寶網，衆珠之影，映在一珠，一珠具足衆珠，彼彼千珠，互映亦爾。現前一心，卽是千珠中一。彼彌陀佛土，亦是千珠中一。所有十界衆生，趣舉一界，皆是千珠中一。旣我一珠，能映衆珠，我珠之外，無復衆珠，則離我心外，無別淨土。何故爾耶，以釋迦亦是一珠，旣舉一全收，豈心外有法。故曰唯心淨土，本性彌陀也。若爾唯心而已，何云淨土。須知體非因果，一念唯心。迷悟旣殊，因果宛爾。彌陀果悟，我等因迷。忻厭心生，順佛勸往。故云唯心・又稱淨土矣。然則既有取捨忻厭・莫成虛僞耶。曰・當知圓人捨・則捨穢究竟三土九界皆捨。取則取淨窮原直取上品寂光。故妙宗曰・取捨若極・與不取捨・亦非異轍。良由寂光不離三土・十界只是四土耳。若以四眼二智觀之・則萬象森羅・三土九界須捨・若以佛眼觀之・則真空真寂・非離三土九界別有寂光・非寂光外別有娑婆。如古德曰・只緣卽心是佛・須假修行者・乃此意也。若了唯心本性・只一三千融妙之法・十萬遐方皆不爲礙。何以故・以心具故・以三千故・以融攝故・故得如斯。以上略提梗概・若欲深證此理・須除情想始得。

宗坦大師　申姓・黎城人・年十六落髮受具・少通義學・遍訪名師・垂五十年・名播講林・晚於唐鄧汝潁之間專弘淨土・向化者甚衆・後於唐州青臺鎮・誓求安養・精進絕倫。嘗夢阿彌陀佛告曰・汝說法只六日・當生淨土・至期白衆曰・因緣聚散・固當有時・淨土勝緣豈宜錯過・願衆念佛助我往生・遂端坐而寂・雲涌雷鳴・從西而來・三日方歇。

師云。或專念一句南無阿彌陀佛。萬德洪名。或緣想西方依正主伴勝境。務須恭敬尊重。與己有緣之佛。菩薩像。及經典師友。或於臨壽終時。爲苦所逼。須緣佛像。兼稱佛號。作求生淨土之想。像前燒香散華。供養不絕。生病人善心。囑稱十念。聲聲相續。令高聲稱念。藉聲束心。使心不散。故大集經大莊嚴論。皆說高聲念佛。有十種功德。一能排睡眠。二天魔驚怖。三聲徧十方。四三途息苦。五外聲不入。六念心不散。七勇猛精進。八諸佛歡喜。九三昧現前。十往生淨土。

眞歇大師　諱清了。雍姓。蜀西安昌人。襁褓時入寺見佛。喜動眉睫。年十一。依聖果寺清俊大師出家。十八登講場。尋棄講習禪。傲然以行。道俗遮留不顧。至沔漢。扣丹霞室。一日登鉢盂峯。忽然大悟。後住杭州率亭山。光孝寺。及溫州江心寺。大振禪宗。道幾半天下。又弘念佛法門。兼以自修。嘗作淨土說行世。紹興廿一年。無疾念佛坐化

師云。宗門大匠。已悟不空不有之法。秉志孜孜於淨業者。得非淨業之見

佛、尤簡易於宗門乎。又曰乃佛乃祖、在教在禪、皆修淨業、同歸一源。入得此門、無量法門、悉皆能入。又曰洞下一宗、皆務密修、其故何以。良以念佛法門、徑路修行、正按大藏、接上上根器、傍引中下之機。○一心不亂、人皆可以行之。由持名號、心不亂故。如龍得水、似虎靠山。此即楞嚴所謂、憶佛念佛、現前當來、必定見佛、去佛不遠。不假方便、自得心開之謂也。○淨土不離衆生心、心是三無別。極樂遍在一切處、舉一全收。如帝釋殿上、千珠寶網。千珠光影咸入一珠、一珠光影徧入千珠。雖珠珠互徧、此珠不可爲彼珠、彼珠不可爲此珠。參而不雜、離而不分。一一徧彰、亦無方所。彌陀淨土、即千珠之一。十萬億佛國、一佛一國土、亦各千珠之一。聖人善巧方便、示人專念阿彌陀佛、乃千珠直指一珠。見一佛即見十方諸佛、亦見九界衆生、微塵刹海、十際古今、一印頓圓、了無餘法矣。按師嗣法於曹洞門下丹霞淳禪師．故曰洞下一宗・皆務密修者・謂密修淨業也。以其宗徒・雖則明倡禪宗・實則密修淨業故。

宗曉大師字達先・王姓・四明人・年十八受具・先從具庵強公・次謁雲庵洪公・主昌國翠羅・後退隱西山・日誦法華經・又篤修淨業・嘗撰樂邦文類五卷・及樂邦遺稿二卷・蓮宗名作・多賴以傳・實大有功於淨土教者也・嘉定七年八月示疾・・乃書偈曰・清淨本來不動・・六根四大紛飛・・掃卻雲霞霧露・・一輪明月光輝・・泊然而寂・・時年六十有九。

師云・修淨業者・若鈍根人・當先作白骨觀。從白骨放光中・觀佛相好。利根人・則先作淨光・從中觀佛。右法見大藏圖字函。今錄於此・以資思修云耳。

○昔善導大師有曰・若人欲速得往生者・應起無間修・所謂恭敬禮拜稱名讚歎・憶念觀察，迴向發願・心心相續・不以餘業相間・故曰無間修。又若貪嗔癡起者・但隨犯隨懺・不令隔日隔夜・常使清淨・亦名無間修。若能畢命・誓不中止・決定往生。

中峯大師諱明本・孫姓・錢塘人・兒時戲・必爲佛事・稍長・閱經行道・晝夜彌勵・困則觸柱自警・後往天目高

峯處．密扣心要．遂獲大悟．說法無礙．著書甚多．大德十年．出主師子院．人稱中峯和尚．仁宗詔師不至．製金襴袈裟贈之．賜號佛慈圓照廣慧禪師．嘗著淨土詩百八首．及三時繫念佛事等書行世．至治三年．別衆而逝．謚普照國師。

師云．古者道．清珠投於濁水．濁水不得不清．佛號投於亂心．亂心不得不佛。此珠之入水．自寸而尺。此水隨珠下處．變濁爲清．以至於底。當雜念紛亂之頃．能移一念．觀想慈容而稱念之．纔念一聲．卽一念之間．散亂遠離．隨念寂靜。且一聲之念既爾．移念入第二中。譬如清珠之入水二寸也。自最初一念清淨．至第二念亦清淨。乃至第三第四五至於十百千萬億念．念念清淨．念念寂滅．念念純真．念念解脫。如教中所謂淨念相繼者也。又詩云．一串數珠爲律律．百千諸佛影團團．循環淨念常相繼．放去收來總一般。

優曇大師

諱普度．蔣姓．丹陽人．弱冠出家．居廬山東林．篤修淨土．至大初．白蓮教匪盛行．邪正不分．因詔罷蓮宗・師曰・吾承斯道將卅年矣・一旦亡於吾世・可乎・遂著蓮宗寶鑑十卷・辯明邪正・書成・證之諸方・莫能易一字・進奏・降旨褒美・令梓行天下・有開導人天・續佛慧命・復振東林之語・復命師爲教主・賜號虎溪尊者・臨終念佛而逝。

師云・若念佛之人・塵垢未淨・惡念起時・急須高聲念佛。斂念歸正・勿令惡心相續・直下打併淨盡・永不復生。○纔有疾病・正要上前・坦蕩身心・莫生疑慮。直須向西正坐・專想阿彌陀佛・觀音勢至・及諸化佛・現在其前。一心稱念南無阿彌陀佛・聲聲不絕。於諸世間・一切事務・不得思念・不得貪戀・或心念起・但急稱佛號・於念念中・滅除罪障。只此一念・決定往生淨土。命若未盡・自得安寧。慎勿妄起留戀世間之心。當存自存・當死須死。但辦往生・何須疑慮。若解此理・如脫蔽衣・以著上服。一捨凡身・便登聖地・豈不偉哉。○執持一句阿彌陀佛・一念之中・與理相應・諸法現前・六度具足。布施則心無染著。持戒則不起妄緣。忍辱則能所俱忘。精進則心無間斷。禪定則動靜俱寂。智慧則不立絲毫。

天如大師號維則．譚姓．永興人．幼年出家．得法於中峯明本禪師．至正初．住蘇州城內師子林．即菩提正宗寺．一時宰官長者多往參學．屢詔問．皆稱疾不起．師既密契單傳．復推天台永明之旨．兼弘淨土之教．嘗著淨土或問．破諸疑惑．勸人念佛求生西方．以期一生了辦．師自修極為精篤．明洪武元年入滅．寂時靈瑞甚多．年七十一。

師云．或問圓觀之修．唯心之念．似上根之行門。華嚴十願．寶積十心．亦大根之功用．根器不對．功行難成。今吾自揣．觀吾自好．唯專持名號．加禮拜懺悔而已．師為如何．答．善哉善哉．汝知量矣。觀汝之言．正合善導專修無間之說矣。無間修者．身專禮阿彌陀佛．不雜餘禮。口專稱阿彌陀佛．不稱餘號。意專想阿彌陀佛．不雜餘想。○念佛者．或專緣三十二相．繫心得定。開目閉目．常得見佛。或但專稱名號．執持不散。亦於現身而得見佛。此間現見多是稱佛名號爲上。稱名之法。必須制心。不令散亂。念念相續。繫緣佛號。口中聲聲喚阿彌陀佛。以心緣歷字字分明。稱佛名號。無管多少。並須一心一意。心心相續。如此方得一念滅八十億劫生死重罪。若不然者。滅罪良難。

妙叶大師四明人。嘗研天台教觀。深修念佛三昧。時學者每惑於自性唯心等語。因藥致病。極樂淨土。不求於西方。而求之於分別緣影。師愍其愚。乃撰寶王三昧念佛直指二卷。時在洪武廿八年頃。海內禪淨之徒。一時均獲津梁焉。後二百餘年。蓮池大師出。心慕其書。因久失傳。竟未獲見。後萬融禪師偶得之。蕅益大師。已收入十要。

師云。行者發心。必使入於道場。先觀我及盡虛空界一切衆生。常在生死大海。若不令其普脫。何名正行。於是等觀寃親之境。起大悲心……定不爲弊魔惡黨所退轉。如是大心既立。然後審古賢念佛正行。如法建立道場。極令嚴淨。於是三心圓發。五體投誠。觀佛相好。胡跪合掌。運心普緣。無邊刹海，一切衆生，及我此身。自昔至今，流浪不返，深爲可痛。涕淚悲泣，求佛垂慈。不覺身如大山崩，皈命三寶。手擎香華，想遍法界，敬禮投誠，破腹洗腸，發露罪過，晝夜六時，尅期練行。或障深未感，至死爲期。於中不得刹那念世五欲。若根機不等，勝行難全。亦必處於淨室，內外肅清，隨意力行。禮佛懺悔，日定幾陳。精進一心，誓不中悔。或專誦經，或專持咒，或但持佛名號，若得見相好，卽知罪滅緣深。○或問，如何用心，不得散亂。答，能運身口之念，勿論其散，但不間斷，自能一心。亦可卽名一心。惟行之不休爲度，固不必憂散亂矣。如母喪愛子，龍失命珠，不期一心而自一心，豈制之令一。心不可制，實在行人勤怠耳。嗟今之人，修而無效。蓋信根淺薄，因地不真。未曾立行，先欲人知。內則自矜，外則顯曜。使人恭敬，意有所得。甚至妄言，得覩淨境。或見小境，及夢中善相，未識是非，先須明說。此等卑下，必爲魔惑。願行退失。隨生死趣。可不愼哉。……乃至小罪。猶懷大懼。解隨大乘。行依小學。○念佛若爲宿業所使。願行有虧。當一心誦拔一切業障根本得生淨土陀羅尼。持一遍。卽滅身中一切五逆十惡等罪。持十萬。卽得不廢忘菩提心。持二十萬。卽感菩提芽生。持三十萬。阿彌陀佛。常住其頂。决生淨土。

空谷大師

名景隆。陳姓。吳縣人。幼不茹葷。好趺坐。若禪定然。從懶雲和尚參叩大法。年廿八。出家虎邱。依石庵和尚於杭州靈隱寺。尋往天目。刻苦參究。忽有省。馳詣懶雲。遂蒙印可。師雖大悟心宗。然自行化他。均在淨土。嘗著淨土詩一百八首行世。又自爲骨塔於錢塘。且自作銘。及成。常居其間念佛以待終。時年已七十四矣。後不詳

師云。念佛一門。修行捷徑。識破此身不實。世間虛妄。唯淨土可歸。念佛可恃。緊念緩念。高聲低聲。總無拘礙。但令身心閒淡。默念不忘。靜鬧閒忙。一而無二。忽然觸境遇緣。打著轉身一句。始知寂光淨土。不離此處。阿彌陀

佛・不越自心。然欲將心求悟・反成障礙。但以信心為本・一切雜念・都不隨之。如是行去・縱然不悟・沒後亦必往生淨土。階級進修・無有退轉。

宗本大師字一元・陳姓・四明人・幼習儒・通詩禮・年十五見族兄朽木處士去世・驚怖憂疑・遂欲出家學道・以了生死・後於杭州之茶亭禮佛・遇一禪師・迎歸供養・拜問修法・禪師深加讚歎・因以念佛法門教之・既出家・窮參力究・頓明向上・旋復專修淨土法門・隆慶中・集歸元直指一書・廣弘彌陀之教・李卓吾嘗極稱之・後隱居・不知所終

師云・念佛初不問是何人・凡以平生惡多自諉・而不肯念者謬矣。念佛初不管是何時・凡以年老及臨終自推託・而不肯念者謬矣。念佛初不拘是何法・凡立一定規・使千人一律・以致妨礙進修者謬矣。須知不揀賢愚・不擇貴賤・不在貧富・不分男女・不拘老幼・不拘僧俗・不論久近・皆可念佛。或高聲念・或低聲念・流水念・頂禮念・攝心念・參究念・觀想念・轉珠念・乃至行念・立念・坐念・臥念・默念・明念・千念・萬念・皆同一念。唯要決定信心・求生淨土・果能如是行持・何用別求知識。可謂行船盡在把梢人・達者同登極樂國。

幽谿大師字無盡・號傳燈・葉姓・衢州人・少從映庵出家・聽百松法師講法華經有省・因問楞嚴大定・松瞠目周顧・師遂悟・後隱幽溪・學者輻輳・一生修諸懺法・及四種三昧無虛日・暮年奉慈雲之行願二門爲日課・講自撰之淨土生無生論於石城・每登座・衆聞天樂臨虛・講畢乃止・臨終以指向空書妙法蓮華經五字・并自唱經題而化。

師云・念佛正行有二。一稱名・二觀想。稱名如小本彌陀經七日持名・一心不亂。有事一心・有理一心。若口稱佛號・繫心在緣・聲聲相續・心心不亂。使念心漸漸增長。從漸至久・自少至多。一日二日・乃至七日・畢竟要成一心不亂而後已。此事一心也。理一心亦無他・但於事一心・念念了達能念之心・所念之佛・三際平等・十方互融。非空非有・非自非他・無去無來・不生不滅・現前一念之心・便是未來生淨土之際。念而無念・無念而念。無生而生・

生而無生。於無可念中熾然而念。於無可生中熾然求生。是爲事一心中明理一心也。二觀想者。具如觀無量壽佛經。境有十六。觀佛最要。當觀阿彌陀佛丈六身。作紫摩黄金色像。立寶池蓮華上。垂手接引狀。身有三十二大人相。八十種隨形好。此二種正行。須相須而進。凡行住坐臥時。則一心稱名。凡趺坐蒲團時。則心心作觀。行倦則趺坐以觀佛。坐久則經行以稱名。苟於四威儀中。修之無間。則往生西方必矣。○以横竪三觀三諦明念佛一行。横論三觀。則能念屬乎三觀。所念屬乎三諦。如正稱名時。了能稱心。非内非外。無形無狀。卽空觀。雖非内外形狀。而此能念之心歷歷分明。卽假觀。而此能念非離念而有空。亦非離空而有假。雙遮雙照。卽中觀。所稱佛名。及以音聲。如空谷中響。如水中月。了不可得。卽眞諦。雖了不可得。而佛號音聲。宛然在口。顯然在耳。卽俗諦。而此所念。亦非離眞而有俗。

亦非離俗而有真。俱存俱忘卽中諦。此橫論三觀三諦也。若竪論者只以一心不亂。萬緣俱寂者爲空觀。以所念六字聖號朗朗分明者爲假觀。能念雖空而念者宛然。所念雖假而空響不實。如是則卽空不空。而空卽假。卽假非假。而假卽空。雙遮雙照。境觀雙忘。所謂境爲妙假觀爲空境觀雙忘便是中。忘照何曾有前後。一心融絕了無踪。

紫柏大師 沈姓。句曲人。出家後。禪淨雙修。均入壼奧。遊京師。神宗甚重之。因改大藏梵筴爲方冊。師荷法剛毅受嫉。忽妖書至。逮師拷訊。持理正而神色泰然。無何入獄。法司復受賄。欲加害。師曰。旣爾。何用汝爲。遂索浴說偈。端坐而化。師生平所示念佛法門甚切。謂臨終正念。全恃平時功深。今師來去自由。其平時所修。可想而知矣

師云。念佛心真不真。勘驗關頭只在歡喜煩惱處取證。其真假之心歷然可辨。大抵真心念佛人。於歡喜煩惱中。必然念念不間斷。是以煩惱也動他不得。歡喜也動他不得。二者旣不能動。生死境上。自然不驚怖。今人念

佛。此小喜怒到前。阿彌陀佛便拋在腦後矣。如何能得念佛靈驗。若依我念佛。能於憎愛關頭。不昧此一句阿彌陀佛。而現前日用。不能受用。臨終不得生西方者。我舌根必然破爛。若不依我法行。則念佛無靈驗。過在於汝。與我無干。○又問學者云。汝念佛常間斷否。答。合眼睡時。便忘記了。師震威呵曰。合眼便忘。如此念佛。一萬年也莫幹。汝自今而後。直須睡夢中。念佛不斷。乃有出苦分。若睡夢中。不能念佛。忘記了。一開眼時。就痛哭起來。直向佛前叩頭懺悔。或念千聲。或念萬聲。盡自家力量便罷。如此做三二十翻。自然大昏睡中。佛卽不斷矣。

蓮池大師 蓮宗八祖也·諱袾宏·沈姓·仁和人·弱冠後·依性天和尚披剃·尋受具·遍參知識·禮五台·感文殊放光·見雲棲幽寂·有終止志·山民苦虎患·師誦經施食·患卽除·歲旱·循田念佛·雨隨足至·於是化道大盛·師以念佛法門·普攝三根·箸雲棲法彙廿餘種·提倡淨土·臨終前遍辭緇素·至期念佛坐化·衆請留囑·曰·老實念佛·

明　蓮池大師

年八十一。

師云．念佛者．有默持．有高聲持．有金剛持。然高聲覺費力．默念易昏沉．只是綿綿密密．聲在於唇齒之間．乃謂金剛持。又不可執定．或覺費力．則不妨默持。或復昏沉．則不妨高聲。○久亂之心．一時難定。念佛心不清．不必憂．只要功夫深耳．字字句句當心念。○雜念是病．念佛是藥．念佛正治雜念．而不能治者．因念佛不親切也。雜念起時．卽用心加工念。字字句句精一不二．雜念自息矣。○萬念紛飛之際．正是做工夫時節。旋收旋散．旋散旋收。久後工夫純熟．自然妄念不起。且汝之能覺妄念重者．虧這一句佛耳。如不念佛之時．瀾翻潮湧．剎那不停者．自己豈能覺乎。○夫學佛者．無論莊嚴形迹．只貴真實修行。在家居士．不必定要緇衣道巾．帶髮之人．自可常服念佛．不必定要敲魚擊鼓．好靜之人．自可寂然念佛．不必定要成羣做會怕事之人。自可閉門念佛。不必定要入寺聽經。識字之人。自可依教念佛。千里燒香。不如安坐家堂念佛。供奉邪師。不如孝順父母念佛。廣交魔友。不如獨身清淨念佛。寄庫來生。不如現在作福念佛。許願保禳。不如悔過自新念佛。習學外道文書。不如一字不識念佛。無知妄談禪理。不如老實持戒念佛。希求妖鬼靈通。不如正信因果念佛。以要言之。端心滅惡。如是念佛。號曰善人。攝心除散。如是念佛。號曰賢人。悟心斷惑。如是念佛。號曰聖人。○一勸極閑人念佛。婚嫁都畢。子孫克家。安閑無事。正好儘心儘力念佛。每日念幾千聲。乃至幾萬。○一勸半忙半閑人念佛。半了不了。或忙或閑。雖不極閑。亦可忙時治事。閑時念佛。每日念幾百聲。乃至幾千。○一勸極忙人念佛。勤勞公務。奔波家業。雖無閑時。也須忙裏偷閑念佛。每日晨朝十念。乃至日間或念幾百。○我出家後。到處參訪。時辯融大師門庭大振。予自京師叩之。膝行再請。師曰。你可守本分。不要去貪名求利。不要去攀援。只要因果分明。一心念佛。予受教而退。時同行者大笑。謂這幾句話。那個說不出。千里遠來。只道有甚高妙處。原來不值半文錢。予曰。這個正見他好處。我們渴仰企慕。遠來到此。他卻不說玄說妙。陵駕我們。只老老實實把自家體認過。切近精實的工夫。叮嚀開示。故此是他好處。我至今猶著實遵守。不曾放失。

憨山大師字德清。蔡姓。金陵人。十九出家。專心念佛。一夕夢阿彌陀佛現身空中。自後常若在目。參究向上。近十年。乃大悟。已而隱於嶗山。其地素不聞法。久之三歲孩子皆知念佛。聖慈太后。歸依座下。尊禮備至。上怒太后厚施。捕師遣戍雷州。因中興曹溪道場。後蒙恩詔還。居廬山。專修淨業。旋於曹溪。念佛坐化。年七十八。肉身現存。

師云。修行第一要為生死心切。生死心不切。如何敢云念佛一片。若人果為生死心切。念念如救頭然。只恐一失人身。萬劫難復。要將這一聲佛咬定，定要敵過妄想。一切處，念念現前，不被妄情牽纏遮障。如此下苦工夫，久久成熟，自然相應，如此不求成片而自然成片矣。○於二六時中，單將一句阿彌陀佛，橫在胸中，念念不忘，心心不昧。一切世事，都不思想，但只將一句阿彌陀佛，作自己命根，咬定牙關，決不放捨。乃至飲食起居行住坐臥，此一聲佛時時現前。若遇煩惱境界，心不安時，就將這一聲佛提起一撥，卽見煩惱當下消滅。以念念煩惱，是生死苦根，今以念佛消滅煩惱，便是佛度生死苦處。若念佛消得煩惱，便可了得生死，更無別法。……若念至一心不亂，則臨命終時，淨土境界現前。自然不被生死拘留，則感阿彌陀佛，放光接引，此必定往生之效驗也。然一心專念，固是正行。又必資以觀想，更見穩密。……於十六觀中，隨取一觀，或單觀佛及菩薩妙相。或觀淨土境界。如彌陀經說蓮華寶地等，隨意觀想。若觀相分明，則二六時中現前如在淨土。坐臥經行．開眼閉眼．如在目前。若此觀想成就．臨命終時．一念頓生。所謂生則決定生．去則實不去．此唯心淨土之妙旨也……是故行人．第一以持戒爲基本。以發願爲助因。以念佛觀想爲正行。又正當念佛觀時．將身心一齊放下．絲毫不存．心地如空．不見一法．卽是空觀。卽於此空心中．提一聲佛．隨擧念處．卽觀佛像．如觀目前歷歷分明不昧．卽是假觀。然於正觀念時．返照能觀能念心體．空空寂寂．當空寂中．又觀念不忘．如此不忘不著．一心靈照．卽中道觀。然此三觀．不用安排。但只擧念．則三觀一心．一念具足。此中又不可將昔日安排三觀措心．否則不妙矣。〇十二時念佛者．人數不拘多寡．晝夜各分六班。照香輪流出班禮念。餘則靜坐．隨聞默念．或習觀門．願者隨之。此則靜多動少．不繁不亂。而佛聲不斷．則妄念不生．如相呼相喚．不散不昏．動靜一如．自他不二．寤寐恆常。此則不起於座頓見彌陀是爲第一如意妙行。至若飲食亦宜如法調之。務使內外一如則人我兩忘是非俱泯。而道場之安恬寂寞亦無如此之妙者。

蕅益大師（蓮宗九祖也·號智旭·鍾姓吳縣人·父持大悲咒十年·夢觀音送子而生師·少以孔學自任·著書闢佛·及閱竹窗隨筆·始焚自著·廿四出家·參究向上·遇疾且殆·乃一意專修淨業·後隱靈峯·著述宏博·臨終遺命焚後·屑骨和麵·分施禽魚·結西方緣·遂趺坐西逝·閱三年啓視·髮長覆耳·面如生·門人未敢如遺命·乃建肉塔於靈峯）

師云念佛法門別無奇特只是深信切願力行爲要耳。只貴信得及守得穩直下念去。或晝夜十萬或三萬五萬以決定不缺爲準。畢此一生誓無改變而不得往生者三世諸佛便成誑語。一得往生則永無退轉種種法門悉得現前。切忌今日張三明日李四……豈知念得阿彌陀佛熟三藏十二部極則教理都在裏許。千七百公案向上機關亦在裏許。三千威儀八萬細行三聚淨戒亦在裏許。○真能念佛放下身心世界卽大布施真能念佛。不復起貪瞋癡。卽大持戒。真能念佛。不計是非人我。卽大忍辱。真能念佛。不稍間斷夾雜。卽大精進。真能念佛。不妄想馳逐。卽大禪定。真能念佛。不爲他歧所惑。卽大智慧。試自檢點。若于身心世界。猶未放下。貪嗔癡念。猶自現起。是非人我。猶自掛懷。妄想馳逐。猶未除滅。種種他歧。猶能惑志。便不名爲真念佛也。○深信切願念佛。而念佛時。心多散亂者。卽是下品下生。深信切願念佛。而念佛時。散亂漸少者。卽是下品中生。深信切願念佛。而念佛時。便不散亂者。卽是下品上生。念到事一心不亂。不起貪嗔癡者。卽是中三品生。念到事一心不亂。任運先斷見思塵沙。亦能伏斷無明者。卽是上三品生。故信願持名念佛。能歷九品。的確不謬也。○信願持名。消伏業障。帶業往生者。卽是凡聖同居淨土。信願持名。見思斷盡而往生者。卽是方便有餘淨土。信願持名。豁破一分無明而往生者。卽是實報莊嚴淨土。信願持名．持到究竟之處．無明斷盡而往生者．卽是常寂光淨土。是故持名．能淨四土．亦的確不謬矣。○所持之佛名．無論悟與不悟．無非一境三諦。能持之念心．無論達與不達．無非一心三觀。只爲衆生妄想執著．情見分別．所以不契圓常。殊不知能持者．卽是始覺．所持者卽是本覺．今直下持去．持外無佛．佛外無持．能所不二．則始覺合乎本覺．卽究竟覺矣。○念佛而一心不亂．卽是靜。一心不亂而念佛．卽是慮。然則一心念而律儀攝矣。○念佛有事持理持。事持者．信有西方阿彌陀佛．而未達是心作佛．是心是佛。但以決志願求生故．如子憶母．無時暫忘。理持者、信西方阿彌陀佛．是我心具．是我心造．卽以自心所具所造洪名．爲繫心之境、令不暫忘也。○念他佛者．託阿彌陀佛果德莊嚴．以爲我所念之境。專心注意而憶念之。或憶名號．或想相好．或緣四十八願．往昔洪因．或觀力無

畏等現在勝德總名爲念他佛貴在歷歷分明一心不亂則三昧功成徑
登淨域矣○念佛一行乃有多途小經重持名楞嚴但憶念觀經主於觀
境大集觀佛實相後世智徹禪師復開參究一路……獨參究之說既與禪
宗相濫不無諸譌可商試嘗論之心佛衆生三無差別果能諦信斯直知
歸未了之人不妨疑著故誰字公案曲被時機有大利亦有大害言大利
者以念或疲緩令彼深追力究助發良多又未明念性本空能所不二藉
此爲敲門瓦子皆有深益必淨土爲主參究助之徹與不徹始不障往生
言大害者既涉參究便單恃己靈不求佛力但欲現世發明不復願往或
因疑生障謂不能生甚則廢置萬行棄捨經典古人本意原欲攝禪歸淨
於禪宗開此權機今人錯會多至捨淨從禪於淨宗翻成破法全乖淨業
正因安冀往生彼國○吾人從無始來直至盡未來際決無不起念時縱

心慮灰凝。入無想定。仍墮八萬四千枯槁亂想。但念地獄則地獄界人。念餓鬼則餓鬼界人。乃至念佛則爲佛法界人耳。此理至明。故宗鏡錄云。一念相應。一念佛。念念相應念念佛也。……盡一日中。出聲一炷香。默持一炷香。循環無間。必以一心不亂爲期。此簡巧之行。須深信勿疑。久久勿替。自當圓超五濁。圓淨四土。更莫向含元殿裏問長安也。○深心念佛者。深心。自救救他之心也。佛者。靈知靈覺之極致。深心念佛者。以自救救他之心。契於靈知靈覺之極致。令若自若他。念念解脫者也。……當知生佛同體。佛者。無上衆生。衆生者。卽未來諸佛。一念一切念。一切念一念可也。○證心大德問心要於予。余曰。心要莫若念佛。壽昌云。念佛心卽是佛。蓋現前一念之心。無性緣生。緣生無性者也。惟其無性緣生。故念名滿腔是名。念利滿腔是利。乃至晝所爲。夜所夢。無不趨歸於一念之專注。而十界昇沈從此出矣。惟其緣生無性。故熾然造集善惡之時。驀地放下。則一切法了不可得。然設向此了不可得處坐定。則墮無爲深坑。不能證法界無障礙體。不能起法界無障礙用。故須念佛求生淨土。方是大乘不可思議圓頓法門。夫念佛者。豈有他哉。以此緣生無性之一念。念彼無性緣生之佛名耳。佛名既是無性緣生。則緣生亦仍無性。是故念一聲有一聲佛名顯現。念十百千萬聲。有十百千萬聲佛名顯現。而不念時便寂然矣。念性既是緣生無性。則無性不礙緣生。儻不念佛。正恐又生種種雜念。縱不生雜念。亦恐墮在無生窠臼。故必以佛號生我之念。使我念念不離佛號。此乃心外無佛。佛外無心。是心作佛。是心是佛。謂之以佛證心可也。謂之以心證佛可也。謂之以佛證佛。以心證心亦可也。至直捷穩當。至圓頓了義。不可思議。不可將餘一切法門比量。果如此信得及。直下念去。則諸佛出廣長舌。

以證之。若人專念彌陀佛號。曰無上深妙禪。至心想像見佛時。卽是不生不滅法。金口誠言。可不信哉。○念佛三昧。名寶王三昧。三昧中王。凡偏圓權實種種三昧。無不從此三昧流出。無不還歸此三昧門。蓋至圓頓之要旨。亦三根普被之巧方便也。衆生心性。一而已矣。只此一心。法爾具足真如生滅二門。正隨緣而不變。名真如門。卽不變而隨緣。名生滅門。依真如門。說圓實教。依生滅門。說偏權教。離真如無生滅。權是實家之權。故可爲實施權。離生滅無真如。實是權家之實。故須開權顯實。爲實施權。有藏通別之三。開權顯實。統惟圓教之一。權實四教。無非念佛法門。所謂念自佛。念他佛。雙念自他佛。約四教成十二種念佛三昧。又常行等四種三昧。同名念佛。一一三昧。各具十二。則四十八種。復次念他佛者。或念相好。念法門。念實相。以例念自念雙。亦可成三。廣歷四三昧。四教則一百四十四種。

一一種，復有無量境觀差別，非言可宣。而持名一法，出佛說阿彌陀經，仍在前來種種三昧之外。觀經云，汝若不能念彼佛者，應稱無量壽佛名字是也。此持名法門，雖似曲爲中下，仍復最頓最圓。所持之名，無論解與不解，當體無非一境三諦。能持之心，無論達與不達，當體無非一心三觀。請嘗言之。六字彌陀，爲因名故名，爲因心故名。爲亦名亦心故名，爲非名非心故名。若因名故名，名應自持，何待心持。又名能自持，與心何預。若因心故名，是心本有名，則不持時，名何不現。若亦名亦心故名，名能有名，何待於心。心能有心，何待於名。又此名字，誰半屬名，誰半屬心。且不持時，名中半名雖無，心中半名應在。離既各無，合云何有。若非名非心故名，既非名非心，何能更有彌陀名字。如此推名，名字性空，緣生幻有。一名字性，即一切名字性。名字即法界，中道實相，舉一全收。無一法在名字外。所念境諦既爾能念觀智例此可知復次束此境三總名妙假舉正報賅依報舉化主賅徒衆舉假名賅實法一句名號三千歷然故復次束此三觀總名爲空以覓心無朕故復次名若是心復何爲名名若非心心何持名心若是名復何爲心心若非名名何預心於其中間無是非是豈非即中虎谿云境爲妙假觀爲空境觀雙忘便是中忘照何曾有前後一心融絶了無蹤此之謂也悟此理而持名則一稱一念頓圓無上菩提縱未悟而捻珠記數矻矻窮年未嘗不暗合道妙全在妙境妙觀之中久久熏習性德漸顯如染香人身有香氣不假方便自得心開此蓮宗諸祖所以極力弘揚也誰有智者捨此別求岐徑哉

思歸集卷二終

附念佛發願文

願我臨終無障礙阿彌陀佛遠相迎觀音甘露灑吾頭勢至金臺安我足一剎那中離五濁屈伸臂頃到蓮池蓮

明　蕅益大師

華開後見慈尊・親聽法音可了了。聞已卽悟無生忍・不違安養入娑婆。善知方便度衆生・巧把塵勞爲佛事・我願如斯佛自知・畢竟當來得成就。

此文古今大有靈驗・有正發願時・見諸瑞相者。或夢中見佛放光者。行者當想彌陀恩德無量・自悲障重不見・須生慚愧・深自痛責・願見彌陀・能如是行・久之必見。

思歸集卷三

印光法師鑑定

思歸子釋如岑敬輯

堅密大師字成時・吳姓・歙縣人・廿八出家・禪教二宗・多所參訪・及見蕅益・遂終身依止・歙人延師居仰山・山中猛虎皆馴伏・撰齋天儀・感天神現身・後住江寧半峯・大弘靈峯遺教・重訂淨土十要・益自撰之觀經初心三昧門・及彌陀經行願儀・厥功至偉・師勤修淨業・雖寒暑不少懈・康熙十七年・在半峯入寂・三日前・異香繞室・年六十一

師云・淨土持名之法・有三大要焉。一者・六字洪名・念念之間・欣厭具足。如囚出獄・奔託王家・步步之間・欣厭具足。二者・參禪必不可無淨土・為防退墮・寧不寒心。淨土必不可入禪機意見・稍乘・二門俱破。三者・一句阿彌陀佛・非大徹不能全提・而最愚亦無少欠・倘有些子分別・便成大法魔殃。只貴一心受持・寧羨依稀解悟。以上三要・頗切今時。倘能真實指迷・我願捨身供養・十方三世・共聞此言。

截流大師蓮宗十祖也・諱行策・蔣姓・宜興人・廿三披剃・專修淨業・常住杭州之西溪等處・大闡蓮宗・弘化殊勝・復撰蓮藏集・淨土法語等書行世・康熙廿一年示寂・年五十五・時有孫翰臣・及吳姓子・同日病亡・一日夜・復蘇・各曰・吾為冥司勾去・繫殿下・忽覩光明徹地・香華漫空・冥王伏地・迎西歸大師・視之・即截公也・吾以光照・遂得放還。

師云持名貴在一心不亂・無間無雜・非必以快念多念為勝也。但不緩不急・密密持名・使心中佛號歷歷分明。著衣喫飯行住坐臥・一句洪名綿密不斷・猶如呼吸相似。既不散亂・亦不沉沒・如是持名・可謂事上能一心精進者也。○今時淨業學人・終日念佛・懺罪・發願・而西方尚遙・往生不保者・無他・蓋愛樁未拔・情纜猶牢故也。若能將娑婆恩愛視同嚼蠟。不管閒忙動靜・苦樂憂喜・靠著一句佛號・如須彌山相似。一切境緣無能搖動。或時自覺疲懈・惑習現前。便奮起一念・如倚天長劍。使煩惱魔軍・逃竄無地。亦如紅爐猛火。使無始情識。銷鑠無餘。此人雖現處五濁之鄉。已渾身坐在蓮華國裏。又何待彌陀垂手。觀音勸駕。而始信其往生哉。

道霈大師（號爲霖。丁姓。建安人。十四出家。遍歷講席。復至鼓山依永覺禪師。參三年不悟。辭遊兩浙。復歸鼓山。後因捲簾大悟。於順治十四年。遂嗣永覺。開法廿餘年。海內推爲東南第一法窟。著述甚富。尤推尊智者大師。又撰淨土指訣。淨土問答等行世。以念佛法門。自行化他。不遺餘力。嘗云。老僧志在宗門。行在淨土。後隱居。不詳所終。）

師云。佛有三身。土有四土。然三身只是一身。四土原是一土。總以法界爲體故也。所以圓人念佛。一以貫之。○念佛須信憶二字。不離於心。稱敬二字。不離於口。謂往生淨土。須要有信。千信即千生。萬信即萬生。信佛名字。不離心口。諸佛即救。諸佛即度。心常憶佛。口常稱佛。心常敬佛。始名深信。○念佛務使字字分明。句句相續。蓋不分明即是昏。不相續即是散。一句佛號・歷歷現前。久之自然成就念佛三昧也。

省庵大師蓮宗十一祖也・字思齊・時姓・常熟人・七歲出家・廿四圓具・禪・教・性・相・靡不貫通・住真寂寺・閱藏念佛・三年後・辯若懸河・又詣四明育王禮塔・感舍利放光・因撰涅槃懺・及勸發菩提心文・誦者多淚下・晚居杭州梵天寺・結社互勵・專修淨業・雍正十一年冬・預示次年四月十四西歸・至期曰・十日前・已見佛・今再見矣・遂念佛而寂。

師云願之一字・具該信行。信則信自他因果事理不虛。信得自心是佛・他人亦然・念佛・為因・往生作佛為果・西方是事。唯心本性是理・一一真實・故云不虛。行則專事持名不雜不散。願則心心好樂念念希求。如此三事缺一不可。有信行而無願者有矣。未有有願而無信行者也。○問今既專持名號・云何復令觀想。答終日持名・暫時觀想・以觀助念・念則不散。縱令心麤境細・亦可託像而觀。復何疑乎。問觀中見佛・得無魔事否。答參禪人本不見佛・而佛忽現・此則心境相違・名為魔事。念佛人本自觀佛。佛隨相現。此名感應道交。非魔事也。然須了知所見之佛。如水中月。非有非無。不可取著。若生取著。則恐反成魔事。切宜慎之。○念佛而不發大菩提心。不與彌陀本願相應。終不往生。雖發菩提心。不專念佛。亦不往生。故必以發菩提心爲正因。念佛爲助緣。而後期生淨土。修淨業者不可不知。○念佛亦有魔事。其由有三。一者教理未明。二者不遇善友。三者自不覺察。三者之中。覺察之心尤爲最要。……大抵生西方佛國。非悠悠散善所能致。萬劫生死。非因循怠惰所能脫。無常迅速。旦暮卽至。安得不爲之早辦耶。……第恐願力不敵愛力。佛念不勝欲念。悠悠泛泛。半信半疑。則吾莫如之何也已矣。又偈云。南無阿彌陀。何人不知念。雖念不相應。母子難相見。行住及坐臥。常將此心斂。念念自相續。念來成一片。如此念彌陀。彌陀自然現。西方決定生。終身無退轉。

徹悟大師・蓮宗十二祖也・諱醒際・馬姓・豐潤人・廿二出家・博通禪教・後主北京萬壽寺・聲馳南北・提倡淨土・率衆精修・繼主覺生・亦然・晚居紅螺山・歸者愈衆・遂成蓮宗道場・嘉慶十五年春・預告歸期・囑曰・幻緣不久・虛生可惜・宜各努力念佛云云・果於是年全月十七日・見佛親來接引・遂念佛坐化・衆聞異香滿室・荼毘・獲舍利百餘粒。

師云・真爲生死・發菩提心・以深信願・持佛名號・此十六字・爲念佛法門一大綱宗。若真爲生死心不發・一切開示皆爲戲論。世間一切衆苦・無過生死。生死不了・生死死生・生生死死・出一胞胎入一胞胎。捨一皮袋取一皮袋・苦已不堪。況輪迴未出・難免墮落・……一念之差・便入惡趣。三途易入而難出。地獄時長而苦重。是故卽今痛念生死・如喪考妣・如救頭然也。然我有生死・我求出離。而一切衆生・皆在生死・皆應出離。彼等與我本同一體。皆是多生父母・未來諸佛。若不念普度・唯求自利・則于理有所虧・心有未安。況大心不發，外不能感通諸佛，內不能契合本性，上不能圓成佛道，下不能廣利羣生，無始恩愛何以解脫。無始怨愆何以解釋。積劫罪業難以懺除，積劫善根難以成就。隨所修行，多諸障緣。縱有所成，終墮偏小。故須稱性發大菩提心也。然大心既發，應修大行。而于一切行門之中，求其最易下手，最易成就，至極穩當，至極圓頓者，則無如以深信願，持佛名號矣。（師說信者・信釋迦無誑語・彌陀無虛願・信以念佛求生之因・必感見佛往生之果・又信我心具之佛・必應我具佛之心。願者・願生彼土・以欣厭心爲主。）所謂執持名號者，卽拳拳服膺之謂，謂牢持于心而不暫忘也。稍或一念間斷，則非執持也。稍或一念夾雜，則非執持也。念念相續，無雜無間，是真精進。精進不已，則漸入一心不亂。圓成淨業，一心不亂，乃淨業之歸宿，淨土之大門。未入此門，終非穩妥。學者可不勉哉。○一真爲生死，發菩提心，是學道通途。二以深信願，持佛名號，爲淨土正宗。三以攝心專注而念。爲下手方便。四以折伏現行煩惱。爲修心要務。五以專持四重律儀。爲入道根本。六以種種苦行。爲修道助緣。七以一心不亂。爲淨土歸宿。八以種種靈瑞。爲往生驗證。以上八事。各宜痛講。修淨業者。不可不知。○一切法門。以明心爲要。一切行門。以淨心爲要。然則明心之要。無如念佛。憶佛念佛。現前當來。必定見佛。不假方便。自得心開。如此念佛。非明心之要乎。復次淨心之要。亦無如念佛。一念相應一念佛。念念相應念念佛。清珠下於濁水。濁水不得不清。佛號投於亂心。亂心不得不佛。如此念佛。非淨心之要乎。一句佛號。俱攝悟修兩門之要。舉悟則信在其中。舉修則證在其中。信解修證。俱攝大小諸乘。一切諸經之要。罄無不盡。然則一句彌陀。非至要之道乎。○吾人現前一念之心。全真成妄。全妄卽真。終日不變。終日隨緣。夫不隨佛界之緣。而念佛。便念九界。不念二乘。便念六凡。

不念人天，便念三途。不念鬼畜，便念地獄。以凡在有心，不能無念。以無念心體，唯佛獨證。自等覺以還，皆悉有念。凡起一念，必落十界，更無有念出十界外。以十法界，更無外故。每起一念，爲一受生之緣。果知此理，而不念佛者，未之有也。○一切境界，唯業所感，唯心所現。卽其現處，當體卽心。凡在有心，不能無境。不現佛境，便現九界之境。不現三乘之境，便現六凡之境。不現天人鬼畜之境，便現地獄境界。如人夢中所見山川人物，皆依夢心所現。若無夢心，必無夢境，設無夢境，亦無夢心。故知心外無境，境外無心。全境卽心，全心卽境。○觀經是心作佛，是心是佛二語。較之禪宗直指人心，見性成佛，尤爲直截痛快。何也，以見性難而作佛易故。何爲見性，離心意識，靈光迸露，始爲見性，故難。何爲作佛，持佛名號，觀佛依正，卽爲作佛，故易。經云，汝等心想佛時，是心卽是三十二相，八十種好。豈非以想念於佛，卽爲作佛耶。夫成佛是佛，理無二致。而見性作佛，難易相懸若是。豈非念佛較之參禪尤爲直截痛快也哉。一是祖語，一是佛言。何重何輕，何取何捨。學者但當盡捨舊習，虛其心，平其氣，試一玩味而檢點之，當必首肯是說爲不謬矣。○最初迷真起妄，則曰一念妄動。末後返妄歸真，則曰一念相應。是則起妄之後，歸真之前，更有何法，能外此一念乎。是故一念悟，隨淨緣，卽佛法界。迷隨染緣，卽九法界。十方虛空，是此一念迷昧。一切國土，是此一念澄凝。四生正報，是此一念情想合離。四大依報，是此一念動靜違順。惟依此念變現諸法。離此念外，無法可得。原此一念，本是法界，從緣而起。緣無自性，全體法界。故得橫徧十方，豎窮三際，離過絕非，不可思議。法爾具此威神，法爾具此功用。今以此念念於西方阿彌陀佛，求生極樂淨土。正當念時，西方依正，在我心中，而我此心，已在西方依正之內。

如兩鏡交光相合互照。此橫徧十方之相也。若約豎窮三際。則念佛時。即見佛時。亦即成佛時。求生時。即往生時。亦即度生時。三際同時更無前後。帝網珠光。難齊全體。南柯夢事。略類一班。此理悟之最難。信之最易。但能直下承當。終必全身受用。可謂參學事畢。所作已辦矣。如或未能。但當任便觀察。隨分受用焉耳。○心能造業。心能轉業。業由心造。業隨心轉。心不能轉業。即爲業縛。業不隨心轉。即能縛心。心何以能轉業。心與道合。心與佛合。即能轉業。業何以能縛心。心依常分。任運作受。即爲業縛。一切現前境界。一切當來果報。皆唯業所感。唯心所現。唯業所感。故前境來報。皆有一定。以業能縛心故。唯心所現。故前境來報。皆無一定。以心能轉業故。若人正當業能縛心。前境來報一定之時。而忽發廣大心。修真實行。心與佛合。心與道合。則心能轉業。前境來報。定而不定。又心能轉業。前境來報不定之時。而大心忽退。實行有虧。則業能縛心。卽前境來報。不定而定。然業乃造於已往。此則無可奈何。所幸而發心與否。其機在我。造業轉業。不由別人。如吾人卽今發心念佛。求生極樂。或觀依正。或持名號。念念相續。觀念之極。則心與佛合。合之又合。合之其極。則心能轉業。而前境之娑婆。轉爲極樂。胎獄之來報。轉爲蓮胞。便是樂邦自在人矣。若正恁麼時。其心或偶然失照。或忽生退悔。不與佛合。則業能縛心。而前境仍舊。來報依然。還是忍土苦衆生也。然則我輩有志出離。求生淨土者。可弗惕然而警。奮然而發也哉。○夫見道而後修道。修道而後證道。此千聖同途。千古不易之定論也。然見道豈易言哉。若依教乘。必大開圓解。若依宗門。必直透重關。然後得論修道。否則便爲盲修瞎鍊。不免撞牆磕壁。墮坑落塹矣。唯淨土一門。則不然。從是西方過十萬億佛土。有世界名曰極樂。其土有佛。號阿彌陀，今現在說法，但發願持名，即得往生。此乃佛心佛眼，親知親見之境界。非彼三乘賢聖所能知見也。但當深信佛言，依此而發願持名。即是以佛知見爲知見，不必別求悟門也。餘門修道，必悟後依法修習，攝心成定，因定發慧，因慧斷惑。所發之慧有勝劣，所斷之惑有淺深，然後方可論其退與不退。唯此淨土門中，唯以信願之心，專持名號，持至一心不亂，淨業即爲大成，身後決定往生。一得往生，便永不退轉。又餘門修道，先須懺其現業。若現業不懺，即能障道，則進修無路矣。修淨業者，乃帶業往生，不須懺業。以至心念佛一聲，能滅八十億劫生死重罪故。又餘門修道，須斷煩惱。若見思煩惱，分毫未盡，則分段生死不盡，不能出離同居國土。惟修淨業，乃橫出三界，不斷煩惱，從此同居，生彼同居。一生彼土，則生死根株便永斷矣。既生彼土，則常常見佛，時時聞法，衣食居處，出於自然。水鳥樹林，

清　徹悟大師

皆悉說法。同居土中．橫見上三淨土。諸上善人俱會一處．圓證三種不退．一生便補佛位。然則淨土一門．最初省求悟門．末後不待發慧．不須懺業不斷煩惱．至極省要．至極徑捷。及其證入．至極廣大．至極究竟。學者當細心玩味而詳擇之。毋以一時貢高．失此殊勝最大利益也。○吾人生死關頭．唯二種力．一者心緒多端．重處偏墜．此心力也。二者如人負債．強者先牽．此業力也。業力最大．心力尤大。以業無自性．全依於心。心能造業．心能轉業。故心力唯重．業力唯強．乃能牽生。若以重心而修淨業．淨業則強。心重業強．唯西方是趨。則他日報終命盡．定往西方．不生餘處矣。○佛法大海．信為能入。淨土一門．信尤為要。以持名念佛．乃諸佛甚深行處．惟除一生所繫菩薩．可知少分。自餘一切賢聖．但當遵信而已．非其智分之所能知．況下劣凡夫乎。然十一善法．以信居初．信心之前．更無善法．五十五位．

以信爲始信位之前、別無聖位。故菩薩造起信論、祖師作信心銘。以信心一法、爲入道要門也。○法藏比丘、對世自在王佛、發稱性四十八種大願、依願久經無量長劫、修習大行、至於因圓果滿、自致成佛。法藏轉名彌陀、世界轉名極樂、非自性彌陀、唯心極樂乎。但此心性、乃生佛平等共有、不偏屬佛、亦不偏屬衆生。若以心屬彌陀、則衆生乃彌陀心中之衆生。若以心屬衆生、則彌陀乃衆生心中之彌陀。以彌陀心中之衆生、念衆生心中之彌陀。豈衆生心中之彌陀、不應彌陀心中之衆生耶。但佛悟此心、如醒時人、衆生迷此心、如夢中人。離醒時人、別無夢中之人、豈離夢中之人、別有醒時之人耶。但夢中之人、當不自認爲真。亦不離夢中之人、別求醒時之人。唯應常憶醒時之人、憶之又憶、則將見大夢漸醒、而夢眼大開。即夢中能憶之人、便是所憶醒時之人。而醒時之人、非夢中人也。夢中人衆多、醒時人唯一。十方諸如來同共一法身。一心一智慧。力無畏亦然。此乃卽一卽多。常同常別。法爾自妙之法也。念佛之意。大略如此。○吾人現前一念。緣生無性。無性緣生。不生佛界。便生九界。若約緣生無性。則生佛平等一空。若約無性緣生。則十界勝劣懸殊。阿祈達王臨終。爲驅蠅人以拂拂面。一念瞋心。遂墮爲毒蛇。一婦人渡河失手。其子墮水。因撈子故與之俱沒。以慈心故。得生天上。夫一念慈瞋。天畜遂分。則此臨終之緣生一念。可不愼乎。苟以此心緣念彌陀。求生淨土。得不見佛往生乎。但此一念。不可僥倖而致。必須存之以誠。操之有素。是故吾輩於此一句彌陀。千念萬念。以致終日終年。念者。無非爲熟此一念而已。果得一念純熟。則臨命終時。唯此一念。更無異念。智者大師云。臨終在定之心。卽淨土受生之心。然唯此一念。更無異念。非在定之心乎。念果如是。不見彌陀。更見何人。不生淨土，更生何處。只恐吾人，自信不及耳。○觀經是心作佛，是心是佛，二語既舉，則言外之心不作佛，心不是佛，心作九界，心是九界，心不作九界，心不是九界，等義俱彰矣。噫果明此理，而猶不念佛者，則吾末如之何也已矣。○觀經是心作佛，是心是佛二語，不唯是觀經一經綱宗法要，實是釋迦如來一代時教大法綱宗。不唯釋迦一佛法藏綱宗，實是十方三世一切諸佛法藏綱宗。此宗既透，何宗不透。此法既明，何法不明。所謂學雖不多，可齊上賢也。○真法無性，染淨從緣。一真既舉，體成十界，則十界全體即一真。是故善談心性者，必不棄離於因果。而深信因果者，終必大明乎心性。此理勢所必然也。○吾人現前一念能念之心，全真成妄，全妄即真，終日隨緣，終日不變。一句所念之佛，全德立名，德外無名，以名召德，名外無德。能念心外，無別所念之佛。所念佛外，無別能念之心。能所不二，生佛宛然。本離四句。本絶百非。本徧一切。本含一切。絶待圓融。不可思議。蓮宗行者。當從者裏信入。〇須知一句阿彌陀佛。以唯心爲宗。此唯心之義。須以三量楷定。三量者。現量。比量。聖言量也。現量者。謂親證其理也。如羅什大師。七歲隨母入佛寺。見佛鉢。喜而頂戴之。俄而念曰。我年甚幼。佛鉢甚重。何能頂戴。是念纔動。忽失聲置鉢。遂悟萬法唯心。高麗惟曉法師。來此土參學。夜宿塚間。渴甚。明月之下見清水一汪。以手掬而飲之。殊覺香美。至次日清晨。乃見其水爲墓中控出。遂惡心大吐。乃悟萬法唯心。便囘本國著述。此皆現量親證也。比量者。借衆相而觀於義。比喻而知也。諸喻之中。夢喻最切。如夢中所見山川人物。萬別千差。皆不離我能夢之心。離夢心外。別無一法可得。卽此可以比喻而知現前一切萬法。但唯心現也。聖言量者。三界唯心。萬法唯識。千經萬論。皆如此說。已約現等三量楷定唯心。

更約事理二門、辨明具造。謂由有理具、方有事造。理若不具、事何所造。所以理具但具事造。離事造外、別無所具。由有事造、方顯理具。事若不造、爭知理具。所以事造只造理具、離理具外、別無所造。祇以一念心中、本具十界萬法。卽此一念隨緣、能造十界萬法。理具、如金中本具可成缾盤釵釧之理。事造、如隨工匠鑪鎚之緣、造成缾盤釵釧之器。又理具、如麵中本具可成種種食物之理。事造、如水火人工之緣、造成種種食品也。已辨事理、復約名體同異、揀定真妄。佛法中有名同而體異者、有名異而體同者。名同體異、如心之一名、有肉團心、有緣慮心、有集起心、有堅實心。肉團心同外四大、無所知識。緣慮心通於八識、以八種心皆能緣慮、自分境故。此則是妄。集起心唯約第八、以能集諸法種子、能起諸法現行故。此則真妄和合。堅實心者、卽堅固真實之性、乃離念靈知、純真心體也。今言唯心者、乃堅實純真之心也。名異體同者．如諸經中所說真如．佛性．實相．法界等．種種極則之名．皆此堅實純真心也。已揀真妄．還約本有現前．折衷指點。以諸經皆言無始本有真心。夫既曰本有．卽今豈無。而今現有．卽本有也。若無無始．則無現前。若離現前．豈有無始。是故不必高尊本有．遠推無始。但現前一念心之自性．卽本有真心也。以現前一念．全真成妄．全妄卽真．終日隨緣．終日不變。離此現前一念之外．豈別有真心自性哉。古德云．威音那畔．不離今世門頭。衆生現行無明．卽是諸佛不動智體。其庶幾乎。由上四義．以顯唯心．故一以唯心爲宗也。又一句阿彌陀．以唯佛爲宗。以一切萬法．既唯心現．全體唯心．心無彼此．心無分際。於十界萬法．若依若正假名實法．隨拈一法．皆卽心之全體．皆具心之大用。如心橫徧．如心豎窮。以唯心義成．唯色．唯聲．唯香．唯味．唯觸．唯法．乃至唯微塵．唯芥子．一切唯義俱成。一切唯義俱成。方成真唯心義。若一切唯義不成、但有唯心之虛名。而無唯心之實義。以一切唯義俱成、故曰法無定相。遇緣卽宗。唯微塵、唯芥子。尚可爲宗。八萬相好莊嚴之果地彌陀。反不可以爲宗耶。故以唯佛爲宗。又以絶待圓融爲宗。於十界萬法、隨拈一法、無非卽心全體。具心大用。横徧十方。竪窮三際。離於四句。絶於百非。獨體全真。更無有外。彌滿清淨。中不容他。一法既爾。萬法皆然。各約諸法當體。絶待無外。是爲絶待。又以十界萬法。各各互徧。各各互含。一一交羅。一一該徹、彼彼無障無礙、各各無壞無雜。如當臺古鏡。影現重重。如帝網千珠、囘環交攝。此約諸法迭互相望。是爲圓融。今合絶待圓融爲一宗。正絶待時卽圓融。正圓融時便絶待。非離絶待。別有圓融。絶待。絶待其圓融。非離圓融別有絶待。圓融圓融其絶待。絶待絶待圓融。各皆不可思議。今共合爲一宗。則不思議中不思議也。又超情離見爲宗。以但約諸法絕待，離過絕非，已超一切衆生情妄執著，三乘賢聖所見差別。若約諸法圓融，圓該四句，融會百非，尤非凡情聖見之所能及。故總立超情離見爲宗。初以唯心爲宗。次以唯佛爲宗。三以絕待圓融爲宗。末以超情離見爲宗。總此四重宗旨，方是一句彌陀正宗宗旨，豈易言哉。○一切衆生本來是佛。真心本有，妄情元空，一切善法性本自具。但以久隨迷染之緣，未斷元空之妄，未證本有之真，善本具而未修，佛本是而未成。今欲斷元空之妄，證本有之真，修本具之善，成本是之佛，而隨悟淨之緣者。求其直捷痛快，至頓至圓者，無如持名念佛之一行矣。以能念之心，本是全真成妄，全妄卽真。所念之佛，本是全德立名，全名卽德。能念心外，無別所念之佛。所念佛外，無別能念之心。能所兩忘，心佛一如。於念念中，圓伏圓斷五住煩惱，圓轉圓滅三雜染障，圓破五陰，圓超五濁，圓淨四土，圓念三身，圓修萬行，圓證本真，而圓成無上妙覺也。一念如是，念念皆然。但能念念相續，其伏斷修證，不可得而思議者矣。以是全佛之心，念全心之佛。實有自心果佛，全分威德神力，冥薰加被耳。一句佛號，不雜異緣，十念功成，頓超多劫。於此不信，真同木石。捨此別修，非狂即癡。復何言哉。復何言哉。○一切衆生，爲利鈍十使所使，久經長劫，流轉生死，受大苦惱，不能出離，可悲也。十使者何，即身，邊，邪，見，戒，此五爲利使，以發動輕便故。貪，瞋，癡，慢，疑，此五爲鈍使，由利使所生，對利說鈍故。此之十使，衆生或多或少，各有偏重。若帶之修道，但唯增長邪見煩惱，決無相應分。如欲斷之，實難，以此十使，於四諦下，歷三界九地，有八十八使見惑，八十一品思惑。但斷見惑，如斷四十里流，況思惑乎。若見思二惑，毫髮未盡，分段生死，不能出離。此所謂竪出三界也。甚難甚難。然此十使，總名衆生知見。古德謂衆生知見。須以佛知見治之。佛知見者。卽現前離念靈知也。然此靈知。不能孑然自立。必隨緣起。不隨佛界之緣。便隨九界緣起。離十界外。無別緣起故。欲隨佛界緣起。無如以信願心。持佛名號。但信貴深。願貴切。持名貴專勤。果以深切專勤之心。信願持名。卽是以佛知見而爲知見。亦卽是念念中。以佛知見。治衆生知見也。熾然十使心中。但置一信願持名之心。卽轉生界緣起。爲佛界緣起。此於修道門中。乃點鐵成金極妙之法。只須赤體擔當。久久勿替。管取金臺可以坐待。寶蓮不日來迎。是爲從此同居。生彼同居。橫出三界。較之豎出者。不亦省力也哉。○修習一切法門。貴乎明宗得旨。今人但知萬法唯心。不知心唯萬法。但知心外無佛。不知佛外無心。但知無量爲一。不知一爲無量。但知轉山河大地歸自己。不知轉自己歸山河大地。然既不知心唯萬法。豈真知萬法唯心。既不知佛外無心。豈真知心外無佛。所謂一個圓球。劈作兩半。離之則兩傷。合之則雙美也。是故念佛者。必以唯佛唯土為宗。若唯佛唯土之宗不明。則真唯心義不成。果透真唯心義。則唯佛唯土之宗自成。既成此宗。則一句所念之佛。所生之土。全體大用。橫徧竪窮。獨體全真。包羅無外。所念既爾。能念亦然。是謂以實相心。念實相佛。以法界心。念法界佛。念念絕待。念念圓融。以絕待故。全超一切法門。無與等者。以圓融故。全收一切法門。無出其外者。此之謂法無定相。遇緣即宗。繁興大用。舉必全真。一句阿彌陀佛。須恁麼信。恁麼念。方是不思議中不思議也。○當念佛時。不可有別想。無有別想。即是止。當念佛時。須了了分明。能了了分明。即是觀。一念中止觀具足。非別有止觀。止即定因。定即止果。觀即慧因。慧即觀果。一念不生。了了分明。即寂而照。了了分明。一念不生。即照而寂。能如是者。淨業必無不成。

如此成者・皆是上品。一人乃至百千萬億人・如是修・皆是如是成就。念佛者・可不愼乎。

悟開大師字豁然・張姓・蘇州人・出家於祥峯・圓具於高旻・既悟心宗・乃開法於荊南顯親寺・旋退隱・歷居雲間・練川・等處・後歸寶藏庵・專修淨業・嘗著念佛百問・淨業知津・念佛警策・淨業初學須知・及古道情等書行世・感化甚衆・道光十年夏疾作・寄書遠近緇白・悉以生死事大爲勗・且云秋盡當西歸・果於立冬前二日・向西念佛坐化

師云・開眼念佛・心易散動・可閉目念。當念佛時・將心放空。提起佛號・卽念卽聽・卽聽卽念。綿綿密密・行之久久・必有相應時也。但要字字從念頭上著實・句句從求生西方裏出來。更有繫念一法・在不念佛時・將念頭常掛在阿彌陀佛身上。心常清淨・不動不搖・便是得力處。○問曰・雜念從何而來。答・人之一身・只有一念。念佛之念卽是・他雜念之念亦是。他只因念佛猶未專・故有少分在佛外。問・此雜念如何除得。答・雜念不須除得・但以此一念全提在佛上卽無問。然精力疲弱。不能使之卽無奈何。答。道力未充。多諸散亂。收攝六根。漸歸清淨。如猶未能。可置之不理。或目注佛相念或念注佛相念，自無雜念矣。問。如此確好。但久之雜念復起。如何。答。內心昏濁。外境紛拏。念佛便不得力。甚至雜念纏擾不開。然勿焦燥。但澄淨心思。令一句佛聲從口出。音以耳聞。又復從心念中流出。循環貫攝。雜念卽無。問。如此甚妙。尚有鈍根者不能。且又如何。答。可將南無阿彌陀佛六字。當念佛一聲。卽記在南字上。二聲記無字。三聲記阿字。又彌。又陀。又佛。而又南字。連環不斷。則妄念無處出生矣。

妙空大師 鄭姓・江都人・少業儒・嘗同許雲虛・楊仁山・貫如法師等・商刻大藏經・旋出家・自號凡刻經僧・十五年・已刻三千餘卷・寂後三載・而大般若經・始告完成・師自受具之後・持戒精嚴・過午不食・生平著述尤富・後彙刻爲樓閣叢書・其中大都爲闡揚淨土之作・從而受化者甚衆・如蔣元亮等・均蔚爲人望・光緒六年・念佛而寂・年五

十五

師云。觀既未易成就。戒亦未易全持。衆福非旦夕可期。妙悟非鈍根可得。大願堅固更罕有焉。若不再從老實持名上出一頭地。必致長沉苦海。永受輪迴。千佛慈悲亦難救度。况持名一行。普攝三根。方便殊勝。莫過於斯。○念佛人于行住坐臥務常端正。身若端正。心自清淨。當人自驗誠不我欺。○口既念佛。則禁涉閑言。若一涉及。當思念佛人。不應如是。則猛念佛數聲。以提醒而掃蕩之。○念佛之人勿雜惡念于必經之事。一過卽捨。久之意地清淨。遇事卽有妙智觀察。此乃念佛轉識成智之謂也。○或高聲。或低聲。或默持。或金剛持。都不相應者。古有擊舌持一法。可取用之。其持法卽不動口亦不出聲。但使繫心一念。惟以舌根搞擊前齒。心念隨應音聲歷然。聲不越齶。聞性內融。心印舌機。機抽念根。從聞入流。反聞自性。是三融會、念念圓通。久久遂成、唯心識觀。○所謂隨順持名者、昏沉則經行持、散亂則端坐持、或跪或立或臥皆隨己便、總使一句佛號不忘。此乃降伏心魔之要術也。○凡遇逆順淨穢、苦樂得失、一切境界時、務須保此一念。不然念隨境界轉去、佛念從此斷絕、豈不可惜矣哉。○對像時、即以此像爲真佛。面對心念、其誠敬可知。不對像時、亦應如對像之誠敬。如此念佛、最易感通。黑業亦易消滅也。○世間一切苦人、求閒不得、故不能念佛。今閒矣、又聞此念佛之法。務須綿密接續、振作收斂、方能不負光陰。若使悠忽念去、不能濟事。虛延歲月、辜負四恩。一朝無常忽到、將何以抵對耶。○既有智慧、勿令入狂。最宜靜細念佛、以堅固之。當知智慧人能念佛、則使世間之念佛者益多、且令外道之修行者易返。以有智慧之聲名以啓之、有智慧之作用以救之故也。○老實念佛者、既不逞才能、又不求名利、最爲難得。以老實二字，是生西方一條大路，又老實者，不于一句阿彌陀佛外，添一毫妄想也。○凡今生前世惡果成就，苦報必來。故一分苦，卽一分惡也。不可諉于命運之不齊，但當愧其修行之不早。每一想及，身毛皆豎，五內若裂。悲傷感奮，痛不欲生。如此念佛，則字字從肝髓中流出，方是念佛真境。○處一切無可如何之境而不悲者，非人情矣。然處一切無可如何之境而徒悲者，又豈明佛性乎。既悲矣，則當思出苦。而當思與一切衆生，畢竟出苦。當思佛之所以稱大悲者，爲其能拔衆生出苦也。我以悲心念佛，求佛之悲，拔我之苦，其宜如何懇切耶。○念佛之心，既已純熟。于六塵中，唯一聲塵。六根之用，全寄一耳。身亦不覺其旋繞也。舌亦不覺其鼓動也。意亦不覺其分別也。鼻亦不覺其呼吸也。眼亦不覺其開閉也。觀音勢至兩圓通，卽是一也。根卽塵也。塵卽根也。根塵卽識也。十八界融成一界也。○一事方畢。一語方罷。尙未打點念佛。而一句佛名卽滾滾出來者。此三昧易成之象也。○念佛之境。孤寂最佳。高低隨宜。緩急隨分。打成一片。正在此時。當知身孤而心不孤也。諸佛及彌陀之心。未嘗暫捨乎我。舉意佛知。開口佛聞。何憂孤寂乎。○病者死之機也。死者凡聖淨穢之關也。病中當作死想。勤念佛名。决定待死。必有光明接引。遂我往生之願。若於病上。略一停想。則一切愛戀恐怖煩惱。安排種種雜念。一齊現前。生死關頭。如何濟事。若病危時。但記取阿彌陀佛四字于心勿忘可也。左右侍奉之人。亦宜常將此四字頻頻提醒。當知百劫千生。所有錯走之路。全在此時一念。斷得淸楚。何以故。六道輪迴。皆一念爲主。若一念專注在佛。則形雖敗壞。而神不散亂。卽隨一念而往生淨土矣。嗚呼。但記取阿彌陀佛四字于心勿忘可也。

戀西大師　諱古峴・廣信人・年十餘出家・旋卽受具・既悟向上・復修淨業・自行化他・唯誠唯懇・後住明州西方寺・以終焉・師自發心至終・日持佛號六萬・二時迴向・寒暑無間・光緒十八年秋・略示疾・無何・向西趺坐・念佛而逝・次年二月荼毘・衆見頂現十佛像・雙手各現一佛像・因師曾焚二指・分供釋迦・彌陀・頂常然香供養十方諸佛故也。

師云。奉告有緣之士。于持名時。只要令聲音不絕。不必注著一心不亂。音聲不絕是因。一心不亂是果。因行若真。果必成就。所謂形直則影端。聲和則響順也。可惜今時之人。佛尚不肯常稱。于句句中有銷塵融滯之功德。亦不知。便先想一心不亂。豈非爲無翼而欲飛。樹無根而欲茂。所以每每念彌陀。每每無滋味。念得妄想多。便向別門去。嗚呼哀哉。淨土法門衰敗至此。可謂極矣。願我同倫出聲記數。努力努力。又當知出聲是口。記數是身。故妙叶禪師云。能運身口之念。勿論其散。但不間斷。自能一心。亦可卽名一心。惟行之不休爲度•故不必憂散亂矣。偈云•專念阿彌陀•不必除妄想•只要聲不絕•決定生安養。專念阿彌陀•不必參是誰•只要心不亂•決定出輪迴。專念阿彌陀•不必懺宿業•只要仗佛力•決定能消滅。專念阿彌陀•不必斷煩惱•只要佛聲現•決定當時少。專念阿彌陀•不必尋方便•只要心常憶•決定成一片。專念阿彌陀•不必求悟門•只要到西方•決定悟無生。專念阿彌陀•不必報四恩•只要佛不離•決定利羣生。專念阿彌陀•不必起疑惑•只要信佛語•決定生彼國。

印光大師（蓮宗十三祖也・趙姓・郃陽人・博通宗教・專修淨業・歷住終南・紅螺・普陀・民十九・至吳創建靈巖淨宗道場・教人以倫常因果爲基礎・念佛生西爲歸宿・印贈佛書五百萬部・佛像百餘萬幀・民廿九年冬・於靈巖念佛坐化・茶毘・卅二齒全存・五色舍利數千粒・世壽八十・僧臘六十・遺著百萬言・弟子廿餘萬・類多賢哲・及黨國聞人）

師云•淨土法門•釋迦彌陀之所建立也。文殊普賢之所指歸也。馬鳴龍樹之所弘揚也。匡廬，天台，清涼，永明，蓮池，蕅益之所發揮倡導，以普勸乎若聖若凡，或愚或智也。○念佛一法，乃佛教之總持法門，但有專念自佛，專念他佛，兼念自他佛之不同。專念自佛者，如諸經中深窮實相，以期證悟，乃於五陰，六入，十二處，十八界，七大等諸法中，以般若智照，了達此一切法，當體全空，親見本具妙真如性。及禪宗看念佛的是誰，并各種話頭，以期親見父母未生前本來面目是。此於四種念佛中，名爲實相念佛焉。專念他佛，有三種念法。一觀想，謂依十六觀經作觀。或專觀白毫。或但觀丈六八尺之佛身，或觀廣大法身，及具觀十六種觀。二觀像，謂對佛形像想佛相好光明等。三持名，謂一心稱阿彌陀佛聖號。此三種念法，雖不同，皆須具有真信切願，方可與佛感應道交，方可決定現生出此娑婆，生彼極樂。此四種念佛，唯實相念佛，諦理最深，然頗不易修，以唯仗自己戒定慧，及參究照察之力。別無他力補助。若非宿根成熟。則悟尚不易。何況實證。唯持名念佛下手最易成功最速。倘能都攝六根淨念相繼。必於現身親證念佛三昧。臨終決定往生上品。縱根機陋劣。未證三昧。但以信願持佛名號。如子憶母。常時無間。迨至臨終。感應道交。仗佛慈力。帶業往生。末世衆生。唯此是賴。否則但種來因。難得實益。果能志心持念。念到全心是佛。全佛是心。心外無佛。佛外無心。無念而念。念而無念。心佛兩彰。而復雙泯時。則實相妙理。覿體顯露。西方依正。徹底圓彰。卽持名而深達實相。不作觀而親見西方。攝機最普。得益最深。最契末世鈍根之士。大暢如來出世之懷。以故從上知識。多皆注重於持名一門。此念他佛之大致也。至於自他俱念。卽所謂禪淨雙修者。有以專看念佛的是誰。以期明心見性。不以信願求生爲事者。雖似禪淨雙修。實爲有禪無淨。既無信願。莫由仗佛力以帶業往生。倘未到業盡情空地位．又不能仗自力以了生脫死。是知禪淨雙修．唯具深信願者．方爲得益。否則固不如專致力於持佛名號一門也。○念佛一事．最要在了生死。既爲了生死．則生死之苦．自生厭心．西方之樂．自生欣心。如此則信願二法．當念圓具．再加以至誠懇切．如子憶母而念。則佛力．法力．自心信願功德力．三法圓彰．猶如杲日當空．縱有濃霜層冰．不久卽化。○既欲修持淨業．必須敦倫盡分．閑邪存誠．諸惡莫作．衆善奉行。戒殺喫素．護惜物命．信願念佛．求生西方。內爲父母兄弟姊妹．外而親戚．朋友．鄉黨．鄰里．咸皆以此奉勸。無論彼之能信受與否．固不可不令彼一得聞知也。○念佛人．但能真切念佛．自可仗佛慈力．免彼刀兵水火。卽宿業所牽．及轉地獄重報．作現生輕報。偶罹此殃．但于平日有真切信願．定于此時．蒙佛接引。○既有真信切願．當修念佛正行．言念佛正行者各隨自己身分而立，不可定執一法。如其身無事累，固當從朝至暮，從暮至朝，行住坐臥，語默動靜，穿衣喫飯，大小便利，一切時，一切處，令此一句弘名聖號，不離心口。若盥漱清淨，衣冠整齊，及地方清潔，則或聲或默，皆無不可。或睡眠，及裸露洗浴大小便時，及至汚穢不潔之處，只可默念，不宜出聲。默念功德一樣，出聲便不恭敬。勿謂此等時處念不得佛，須知此等時處出不得聲耳。又睡若出聲，非唯不恭敬，且致傷氣，不可不知。○念佛用功最妙之方法，是都攝六根，淨念相繼。都攝六根者，卽是念佛之心專注於佛名號，卽攝意根，口須念得清清楚楚，卽攝舌根，耳須聽得清清楚楚，卽攝耳根。此三根攝於佛號，則眼決不會亂視。念佛時眼宜垂簾，不可睜大眼，既攝矣，鼻也不會亂嗅，則鼻亦攝矣。身須恭敬，則身亦攝矣。六根既攝而不散，則心無妄念，唯佛是念，方爲淨念。六根不攝，雖則念佛，心中仍然妄想紛飛。難得實益。若能常都攝六根而念。是名淨念相繼。能常常淨念相繼。則一心不亂。與念佛三昧。均可漸得矣。○欲心不貪外事。專念佛。不能專。要他專。不能念。要他念。不能一心。要他一心等。亦無奇特奧妙法則。但將一箇死字。貼在額顱上。掛在眉毛上。心常念曰。我某人從無始來。直至今生。所作惡業。無量無邊。假使惡業有體相者。盡虛空界。不能容受。宿生何幸。今得人身。又聞佛法。若不一心念佛。求生西方。一氣不來。定向地獄鑊湯爐炭劍樹刀山裏受苦。不知經幾多劫。（師說乃至變餓鬼諸苦。及變畜生諸苦等。）雖欲出離。末由也已。○念佛雖貴心念。亦不可廢口誦。以身口意三互相資助。況欲攝心以證三昧者乎。○念佛要常作將死將墮地獄想。則不懇切亦自懇切。不相應亦自相應。以怖苦心念佛。即是出苦第一妙法。亦是隨緣消業第一妙法。○念佛時。必須至誠。或有時心中悲痛起來。

此係善根發現之相。但切勿常常如是。否則必著悲魔。凡有適意事。不可過於歡喜。否則必著歡喜魔。○念佛時。眼皮須垂下。不可提神過甚。以致心火上炎。或有頭頂發癢發痛等病。必須調停適中。○大聲念不可過於致力。以防受病。○掐（音恰）珠念。能防懈怠。但靜坐念佛。切不可掐。掐則指動而心不能定。久必受病。○念佛心不歸一。由於生死心不切。若作將被水衝火燒。無可救援之想。及將死將墮地獄之想。則心自歸一。無須另求妙法。故經中屢云思地獄苦發菩提心。此大覺世尊最切要之開示。惜人不肯真實思想耳。地獄之苦。比水火之慘深無量無邊倍。而想水衝火燒則悚然。想地獄則泛然者。一則心力小。不能詳悉其苦事。一則親眼見不覺毛骨悚然耳。○病與魔皆由宿業所致。汝但能至誠懇切念佛。則病自痊瘉魔自遠離。倘汝心不至誠。或起邪淫等不正之念。則汝之心。全體墮於黑暗之中。故致魔鬼攪擾。汝宜于念佛畢迴向時。爲宿世一切怨家迴向。令彼各沾汝念佛利益。超生善道。○于未得一心前。斷斷不可萌見佛之念。能得一心。則心與佛合。心與道合。欲見卽可頓見。不見亦了無所礙。倘急欲見佛。心念紛飛。欲見之念固結胸襟。便成修行大病。久之則多生怨家。乘此躁妄情想。現作佛身。企圖宿怨。自己心無正見。全體是魔氣分。一見便生歡喜。從茲魔入心腑。著魔發狂。雖有活佛。亦莫如之何矣。但能一心。何須預計見佛與否。○關中用工。當以專精不二爲主。心果得一。自有不可思議感通。于未一心前。切切不可以躁妄心。先求感通。一心之後。定有感通。感通則心更精一。所謂明鏡當臺。遇形斯映。紜紜自彼。與我何涉。心未一而切求感通。卽此求感通之心。便是修行第一大障。況以躁妄格外企望。或致起諸魔事。破壞淨心。○凡念佛人。各須務實克己習氣。與人方便。凡可說者．雖與我有讐．亦須為說．令其趨吉避凶．離苦得樂。平時侃侃鑿鑿．與人說因果報應．生死輪迴．幷念佛了生死之道。與教兒女為立太平之基等義。心如弦直．語無模稜。居心可以質鬼神．作事決不昧天理。若到臨終．決無此種可憐可憫之現象。因有黃某臨終時極慘．似當墮餓鬼道．其友人函懇印老證明此上一段開示．即老人開導其友人者。○汝之念佛氣悶．非體弱之故．乃業障所使．汝但懇切至誠念佛。如念不來．則心常憶想。能念則仍須用口念．否則但心轉心憶．久久此業即消。以後凡居心行事．必須向厚道一邊做．厚則載福．薄則無福可得。若再加之以刻險．奸巧．則便如山峯峻峙．任何雨澤皆不受．任何草木皆不生矣。○一句南無阿彌陀佛．綿綿密密．常時憶念。凡有忿怒．淫欲．好勝．賭氣．等念．偶爾萌動．即作念云．我念佛人．何可起此種心念乎。念起即息．久則凡一切勞神損身之念．皆無由而起。終日由佛不可思議功德、加持身心、敢保不須十日、卽見大效。若只偶爾念一句兩句、便欲見效、則是自欺欺人。雖亦仍有功德、欲卽由此痊病、則決不可得。凡事均以誠爲本、修持可不用其誠、而欲得痊病滅苦之利益乎。○念佛之樂、唯真念佛者方知。然必志誠懇切、攝心而念、不可著外境相。否則心地不通、觀道不熟、魔境現前、亦不了知、則殆矣。切囑切囑。○觀想一法雖好、必須了知所見之佛像、乃屬唯心所現。若認做心外之境、或致著魔發狂、不可不知。若認做外境、作塊然實有、便成魔境矣。合眼開眼、但取合宜可也。○近來修行者、多多著魔、皆由以躁妄心、冀勝境界。勿道其境是魔、卽其境的是勝境、一生貪著歡喜等心、則便受損不受益矣、況其境未必的確是勝境乎。倘其人有涵養、無躁妄心、見諸境界、直同未見、既不生歡喜貪著、又不生恐怖驚疑、勿道勝境現有益、卽魔境現亦有益。何以故、以不爲魔轉．卽能上進故。此語不常對人說．因汝有此種事．固不得不說也。○念佛之人．當存卽得往生之心。若未到報滿亦只可任緣。倘剋期欲生若工夫成熟．則固無礙．否則只以求心．便成魔根。倘此妄念結成莫解之團．則險不可言。○念佛心不歸一．當攝心切念．自能歸一。攝心之法．莫先于至誠懇切。心不至誠．欲攝莫由。既至誠已．猶未純一．當攝耳諦聽。無論出聲默念．皆須念從心起．聲從口出．音從耳入。（默念雖不動口．然意地之中．亦仍有相。）心口念得清清楚楚．耳根聽得清清楚楚．如是攝心．妄念自息矣。○所謂十念記數者．當念佛時．從一句至十句．須念得分明．仍須記得分明。至十句已．又從一句至十句念．不可二十三十。隨念隨記．不可招珠．唯憑心記。若十句直記爲難．可分爲兩氣。則從一至五．從六至十。若又費力．當從一至三．從四至六．從七至十．作三氣念。念得清楚．記得清楚．聽得清楚．妄念無從著脚．

一心不亂。久當自得耳。○念佛迴向。不可偏廢。迴向卽信願之發於口者。然祇宜於夜課畢。及日中念佛誦經畢行之。念佛當從朝至暮不間斷。其心中但具願生之念。卽是常時迴向。○日用之中。所有一絲一毫之善。及誦經禮拜種種善根。皆悉以此功德。迴向往生。如是則一切行門皆爲淨土助行。猶如聚衆塵而成地。聚衆流而成海。廣大淵深。其誰能窮。然須發菩提心。誓願度生。所有修持功德。普爲四恩三有。法界衆生迴向。則如火加油。如苗得雨。既與一切衆生深結法緣。速能成自己大乘勝行。若不知此義。則是凡夫二乘自利知見。雖修妙行。感果卑劣矣。○每日功課迴向。一一當與法界衆生。若此功課爲此。彼功課爲彼。亦非不可。然必又有普迴向之願。方爲與三種迴向相合。三種迴向者。一迴向真如實際。心心契合。二迴向佛果菩提。念念圓滿。三迴向法界衆生。同生淨土。○曰誠。曰恭敬。此語舉世咸知。此道舉世咸昧。某某由罪業深重。企消罪業。以報佛恩。每尋求古德之修持懿範。由是而知誠與恭敬。實爲超凡入聖。了生脫死之極妙祕訣。故常與有緣者諄諄言之。○律不獨指粗迹而已。若不主敬存誠。即爲犯律。而因果又爲律中綱骨。若人不知因果。及瞞因昧果。皆爲違律。念佛之人。舉心動念。常與佛合。則律教禪淨。一道齊行矣。○念佛法門。以信願行三法爲宗。以菩提心爲根本。以是心作佛。是心是佛。爲因該果海。果徹因源之實義。以都攝六根。淨念相繼。爲下手最切要之工夫。由是而行。再能以四弘誓願。常不離心。則心與佛合。心與道合。現生即入聖流。臨終直登上品。庶不負此生矣。○有一祕訣。剀切相告。竭誠盡敬。妙妙妙妙。○向外馳求。不知返照回光。如是學佛。殊難得其實益。孟子曰。學問之道無他。求其放心而已矣。汝學佛而不知息心念佛。於儒教尚未實遵。

况佛教乃真實息心之法乎。觀世音菩薩·反聞聞自性。大勢至菩薩·都攝六根·淨念相繼。金剛經應無所住而生其心。不著色聲香味觸法而行布施。乃至萬行。心經照見五蘊皆空。皆示人卽境識心之妙法也。若一向專欲博覽·非無利益。奈業障未消·未得其益·先受其病矣。

弘一大師諱演音·李姓·字叔同·天津人·肄業於日本美專·執教於國內各校·民七·出家杭州大慈·受具靈隱·慨律學久衰·乃發心宏闡·於是萍居浙閩·專事講述·著有南山律苑叢書等行世·尤服靈巖印公·故亦篤修淨業·恆以生宏戒律·歿歸西方爲志·民卅一年秋·於溫陵預知時至·念佛而寂·年六十四·僧臘廿四·火後獲舍利千八百餘粒。

師云·古詩云·我見他人死·我心熱如火·非是熱他人·看看輪到我。人生最後一段大事·豈可須臾忘耶。今爲講述·如下所列。當病重時·應將一切家事·及自身體悉皆放下。專一念佛·一心希冀往生西方。能如是者·如壽已盡。決定往生。如壽未盡。雖求往生。而病反能速愈。因心專誠，故能滅除宿世惡業也。倘不如是放下一切。專一念佛者。如壽已盡。決定不能往生。因自己專求病愈。不求往生。無由往生故。如壽未盡。因其一心希冀病愈。妄生憂怖。不但不能速愈。反更增加病苦耳。○病未重時。亦可服藥。但仍須精進念佛。勿作服藥愈病之想。病已重時。可以不服藥也。余昔臥病石室。有勸延醫服藥者。說偈謝云。阿彌陀佛。無上醫王。捨此不求。是謂癡狂。一句彌陀。阿伽陀藥。捨此不服。是謂大錯。因平日既信淨土法門。諄諄爲人講說。今日患病。何反捨此而求醫藥。可不謂爲癡狂大錯耶。○若病重時。痛苦甚劇者。切勿驚惶。因此病苦。乃宿世業障。或亦是轉未來三途惡道之苦。于今生輕受。以速了償也。○自己所有衣服諸物。宜于病重之時。即施他人。若依地藏菩薩本願經。如來讚歎品所言供養經像等。則彌善矣。

○若病重時，神識猶清，應請善知識爲之說法，盡力安慰。舉病者今生所修善業，一一詳言而讚歎之。令病者心生歡喜，無有疑慮，自知命終之後，承斯善業，決定生西。

○臨終之際，切勿詢問遺囑，亦勿閒談雜話。恐被牽動愛情，貪戀世間，有礙往生耳。若欲留遺囑者，應于健康時書寫，付人保藏。

○倘自言欲沐浴更衣者，則可順其所欲而試爲之。若言不欲，或噤口不能言者，皆不須強爲。因常人命終之前，身體不免痛苦。倘強爲移動沐浴更衣，則痛苦更當加劇。世有發願往生之人，臨終爲眷屬等移動擾亂，破壞其正念，遂至不能往生者，甚多甚多。又有臨終可生善道，乃爲他人誤觸，遂起瞋心，而牽入惡道者。如經所載，阿耆達王，死墮蛇身，豈不可畏。

○臨終時，或坐或臥，皆隨其意，未宜勉強。若自覺氣力衰弱者，僅可臥床，勿求好看，勉強坐起。臥時，本應面西右脅側臥，若因身體痛苦，改爲仰臥，或面東左脅側臥者、亦任其自然、不可強制。○大衆助念佛時、應請阿彌陀佛接引像、供于病人臥室、令彼瞻視。○助念之人、多少不拘。人多者宜輪班念、相續不斷。或念六字、或念四字、或快或慢、皆須預問病人、隨其平日習慣及好樂者念之、病人乃能相隨默念。今見助念者、皆隨己意、不問病人、既已違其平日習慣及好樂、何能相隨默念。余願自今以後、凡任助念者、于此一事、切宜留意。○尋常助念者、皆用引磬及小木魚、以余經驗言之、神經衰弱者、病時甚畏引磬及小木魚聲。因其聲尖銳、刺激神經、反令心神不寧。若依余意、應免除引磬小木魚、僅用音聲助念、最爲妥當。或爲擊大鐘大磬大木魚、其聲宏壯、聞者能起肅敬之念、實勝引磬小木魚也。但人之所好、各有不同。此事必先向病人詳細問明、隨其所好而試行之。或有未宜、僅可隨時改變、萬勿固執。○既已命終、最切要者、不可急忙移動。雖身染便穢・亦勿急爲洗滌。必須經過八小時後・乃能浴身更衣。常人皆不注意此事・而最要緊。惟願廣勸同人依此謹愼行之。○命終前後・家人萬不可哭・哭有何益・能盡力幫助念佛・乃于亡者有實益耳。若必欲哭者・須俟命終八小時後。○頂門溫煖之說・雖有所據・然亦不可固執。但能平時信願眞切・臨終正念分明者・卽可證其往生。○命終之後・念佛已畢・卽鎖房門・深防他人入內・誤觸亡者。必須經過八小時後・乃能浴身更衣。前文已言・今再詳囑・切記切記。因八小時內・若移動者・亡人雖不能言・亦覺痛苦。○八小時後著衣・若手足關節硬・不能轉動者・應以熱水淋洗・用布攪熱水圍于臂肘膝彎・不久卽可活動・猶如生人。○凡念佛等一切功德・皆宜迴向普及法界衆生。則其功德乃能廣大・而亡者所獲利益・亦更因之增長。○吾人臨命終時・乃是一生之臘月三十日・爲人生最後。若未將往生資糧預備妥穩。必致手忙足亂。呼爺叫娘。多生惡業一齊現前。如何擺脫。臨終雖恃他人助念諸事如法。但自己亦須平日修持。乃可臨終自在。奉勸諸仁者。總要及早預備才好。

思歸集卷三終

附　印光法師勸修淨土要言

吾人心性。與佛同儔。祇因迷背。輪迴不休。如來慈憫。隨機說法。普令含識。就路還家。法門雖多。其要唯二。曰禪與淨。了脫最易。禪唯自力。淨兼佛力。二法相校。淨最契機。如人渡海。須仗舟船。速得到岸。身心坦然。末世衆生。唯此堪行。否則違機。勞而難成。發大菩提。生真信願。畢生堅持。唯佛是念。念極情忘。念卽無念。禪教妙義。徹底顯現。待至臨終。蒙佛接引。直登上品。證無生忍。有一祕訣。剴切相告。竭誠盡敬。妙妙妙妙。

思歸集卷四

印光法師鑑定　　思歸子釋如岑敬輯

淨土雜詠

六十餘年，片時春夢，覺來剛熟黃粱。浮華幻影，有甚好風光。冷眼兒輕輕覷破，急翻身蹬斷絲韁。兒孫戲從他搬演，何必看終場。青山茅屋子，殘生活計，別作商量。但隨緣消遣，洗鉢焚香。先送心歸極樂，恣逍遙，寶樹清涼。堪悲也，回頭望處，業海正茫茫。　莊嚴居士

日月籠中飛鳥，乾坤水上浮萍，百年暫寄少長齡，豈可瞢然不省。好把塵緣打疊，休將夢境消停，彌陀六字是真經，記取修行捷徑。○不問賢愚老少，何分貴賤癡呆，有心皆可作如來，佛語流傳固在。一句彌陀極易，六時繫念無虧，此身誓取紫金臺，應念心心頂戴。　靈瑞禪師

疊疊叮嚀囑勸。切切彌陀悲願。滔滔的苦海深。層層的業債牽。鬧鬧喧喧。輪迴了千遍。早早登安養歸船。時時禮古佛垂憐。逍逍遙遙西方古路。永永住無生國裏證真詮。○急忙忙浮生如電。痛煞煞輪迴千遍。浪滔滔苦海無邊。一心心誰肯把彌陀念。最堪憐無端愛欲牽。無常一到只恐風箏斷。四大分離衆業纏。怨愆泥犁苦萬千。懸懸極樂慈尊眼望穿。

智達禪師

西方好。隨念即超羣。一點歸心憑落日。萬端塵事付浮雲。人世自紛紛……凝望處。決定去棲神。金地經行光裏步。玉樓晏坐定中身。方好任天真。

白雲禪師

欲生安養國。承事鼓音王。鼓音王阿彌陀佛。即合掌須西向。低頭禮彼方。嬰兒思乳母。遠客望家鄉。慎重迎新月。殷勤送夕陽。形骸同土木。戒檢若冰霜。想念離諸妄。跏趺在一牀。剎那登淨域。方寸發幽光。骨肉都融化。乾坤極杳茫。太虛含表裏，佛刹據中央。蓮吐葳蕤萼，波翻瀲灩塘。樓隨四寶合，臺備七珍妝。鏡面鋪堦砌，荷心結洞房。瑤池無晝夜，珠水自宮商。渠瑩金沙底，風輕寶岸旁。千枝分赤白，萬朵間青黃。暫挹身根爽，微通鼻觀涼。聖賢雲靉靆，天樂日鏗鏘。俊偉純童子，伊優絕女郎。掛肩如意服，擎鉢自然漿。脫體殊清淨，含輝更焜煌。袈裟籠瑞靄，瓔珞襯仙裳。遍往微塵國，周遊正覺場。永懷恩入髓，且免毒侵瘡。囘憶娑婆苦，爭禁涕淚滂。　西齋和尚

○修途十萬一毫端，何謂西方路渺漫。佛境不從心外見，真容多在定中觀。　古溪禪師

○西方故國早囘還，人命無常呼吸間。有限光陰當愛惜，今生蹉過出頭難。　一元禪師

○千劫升沈事可嗟，須彌散骨亂如麻。於今始覺知慚愧，涕淚晨昏只憶

家。　　蓮侶居士

○最怕臨終神識迷，舌根堅硬氣難提。若非平日心專一，那得資糧助往西。　　西一居士

○靜觀深時落日斜，了知極樂路非賒。十年浪子無歸處，一念回光便是家。　　蘭臺居士

○輾轉因緣十二支。塵沙劫數了何時。空王足下勤稽首，雙淚潛流不自知。空王即指阿彌陀佛　　樂園居士

○稱一弘名哭一聲，聲聲哭向大慈尊。此回若不歸家去，六道何時得脫身。　　戀西大師

○說著無常事事輕，饑餐渴飲懶經營。一心不退思安養，萬善同歸憶永明。　　楚石老人

○說著蓮邦兩涙垂，閻浮苦趣實堪悲。世間出世思惟遍，不念彌陀更念誰。
夢東大師

○念念彌陀休背覺，心心極樂願還鄉。何時得受清虛體，壽極河沙不可量。
省庵法師

○六時叩問黃金父，赤子飄零幾日歸。話到輪迴無盡處，相看不覺涙沾衣。
中峯國師

○暫居此地非吾土，遙憶西方是我家。極樂人民無量壽，不將日月計年華。
實賢大師

○船上西來望故鄉，寶華池上晚風涼。飄零不耐歸心切，一片輕旛挂夕陽。
明本禪師

○夜長易得還鄉夢，歲暮難忘作客情。十萬億程安養國，寸心耿耿掛長庚。
思齊老人

○深宵倚檻窺殘月．薄暮推窗望夕陽。客路蛉娉久漂泊．苦求佛力早還鄉。
寸香齋主

○生死輪迴望攝提．心酸徹腑痛沉迷。回家不待蓮華放．先送神歸落日西。
昱山法師

○人生百歲七旬稀．往事回觀盡覺非。每哭同流何處去．閑抛淨土不思歸。
梵琦禪師

○日夜思歸未得歸．天涯客子夢魂飛。覺來何處雁聲過．望斷故鄉書信稀。
楚石老人

○白露秋分涼透窗．客途遊子憶蓮邦。慈尊何日垂金臂．一片歸心夢不忘。
昱山法師

○委骸回視積如山，別淚翻成四海瀾。世界到頭終有壞，人生彈指究何歡。成男作女經千遍，戴角披毛歷萬端。不向此生生淨土，投胎一錯悔時難。

優曇大師

○攝心快向樂邦來，莫待無常老病催。若使此生重蹉過，難逃永劫墮輪迴。天邊落日勤修觀，世上空華莫用栽。念念直前無退轉，寶池坐看一蓮開。

蓮隱禪師

○娑婆業道事縱橫，說著蓮邦夢也清。一息不來千劫恨，寸心肯捨六時名。如雞抱卵溫相續，似火鎔金鍊愈精。當下情根除卻盡，自然真性現圓明。

周光居士

○早投清泰為棲息，休向濁塵論有無。煩惱熾時徵定力，念頭起處作工夫。尺香勤課三千佛，寸意隨輪百八珠。慈母倚門虛眼望，可憐遊子尚迷途。

西齋居士

漸看鬒髮著霜痕，自省己非自討論。一世竟成何事業，百年還有幾朝昏。急須立志求安宅，休更甘心赴死門。樂國不遙歸有路，蓮臺好去覲慈尊。

蓮隱禪師

昔年容易別瓊樓，本也無心作遠遊。豈意而今髮垂雪，片懷常掛月西鈎。枕中忽聽思歸鳥，檻外頻驚落葉秋。一柱檀煙一聲磬，等閑遙望淚橫流。

樝庵大師

西望紅霞白日輪，仰觀寶座紫金身。一方土淨方方淨，十念心真念念真。生極樂城終不退，盡虛空界了無塵。向來苦海浮還沒，何幸今爲彼岸人。

西齋和尚

暮年光景苦無多，電影漚華一刹那。黃葉漸凋真老矣，秋風終夕奈愁

何。無心不用貪淨利。有口惟應念佛陀。珍重臨行須努力。莫教萬劫自蹉跎。　寶賢大師

○淨土因何獨指西。要令心念有歸栖。一門入後門門入。初步迷時步步迷。直就下凡階上聖。不離煩惱證菩提。蓮華勝友應相待。何日歸來手共攜。　寸香齋主

○我教原開無量門。于中念佛最爲尊。都融妄念歸真念。總攝諸根在一根。不歷三祇修福慧。但稱六字出乾坤。如來金口無虛語。歷歷明文尚具存。　思齊老人

○一入西方境自融。雙眸頓覺翳銷鎔。無邊刹土光中現。遍界真身象外逢。華襯玉欄紅隱隱。樹含金殿碧重重。色心泯合渾無寄。鏡象分明絶點蹤。　涅槃懺主

○六月人間暑氣高．炎炎火宅被焚燒。一林樹影藏高閣．十里荷華映畫橋。念佛聲悲頻有淚．思鄉心切更無聊。清涼池上何時返．滌盡煩襟水自饒。

寸香齋主

○亥時人定絶喧囂．痛策身心莫漫憍。斬斷妄心青草死．推開昏暗黑山高。淚因憶佛渾難制．愁爲思鄉不易消。遙想白蓮華蕊上．定知名字已曾標。

寸香齋主

○行時正好念彌陀．一佛還隨一步過。足下時時遊淨土．心頭念念絶娑婆。傍華隨柳須回顧．臨水登山莫放他。等得阿儂生極樂．十方來去任如何。

省庵法師

○住時念佛好觀身．四大之中那一真。我與彌陀非兩箇．影兼明月恰三人。空房漸朽應難住．腐棟將頹豈易蹲。何日如蟬新脫殼．蓮華胎裏去栖神。

省庵法師

○坐時觀佛足跏趺．端坐蓮臺華正敷。毫相分明隨念見．金容映現與心符。事如夢幻原空寂．理到圓融非有無。何日池頭捧雙足．親蒙頂上灌醍醐。

省庵法師

○臥時念佛莫開聲．鼻息之中好繫名。一枕清風秋萬里．半牀明月夜三更。更無塵累心難斷．唯有蓮華夢易成。睡眼朦朧諸佛現．醒來追記尙分明。

省庵法師

○彌陀慈父願門開．攝受羣生等一孩。濃血團中離臭穢．蓮華胞裏受香胎。但憑信願爲良導．只有狐疑是棄材。濁惡娑婆難久住．早同善友賦歸來。

生西證驗略錄

唐、懷玉大師、姓高、丹邱人。執持律法、名節峭然、一食長坐、蚤蝨恣生、誦彌陀經三十萬遍。日課佛號五萬聲。常行懺悔。天寶元年、六月九日見西方聖像、數如恆沙、一人擎銀臺來迎。玉曰、吾一生念佛、誓取金臺、何爲不然。聖像遂隱。玉倍加精進、忽聞空中云、頭上已有光暈矣。請趺坐結印、以俟佛來。越三日、異光滿室。玉云、若聞異香、我報將盡。書偈云、清淨皎潔無塵垢、上品蓮臺爲父母。我修道來經十劫、永離娑婆歸淨土。說偈已、香氣盈空、聖衆遍滿、見阿彌陀佛、觀音、勢至、共御金剛臺來迎、玉含笑而逝。郡太守段懷然、作偈讚曰、我師一念登初地、樂國笙歌兩度來。唯有門前古槐樹、枝低只爲挂金臺。宋高僧傳

僧感、幷州人。持觀無量壽佛經、阿彌陀經、夢身生羽翼、左觀經文、右彌陀經文、欲飛而身重。又誦二年、夢羽翼長、欲飛稍輕。更誦二年、飛騰無礙、卽

向西方到極樂世界見一佛菩薩云汝誦經力得到極樂邊地汝回娑婆每日誦四十八遍千日後方生上品感夢覺如說修行三年而終臥處生蓮華七莖七日不萎。三寶感應要略

隋汶州二沙彌不知何許人同志念佛經五年長者先亡至淨土見佛白言有小沙彌與我同修可得生否。佛言由彼勸汝汝方發心。汝今可歸益修淨業三年後當同來此。至期二人見佛與聖衆自西而來大地震動天華飄舞一時同化。佛祖統紀

清朗然尼姓沈嘉善人幼年見嫂產難之苦自誓不字尋出家于淨池庵專修淨土閒忙無間。後年七十一謂其徒曰吾三月中已三夢寶池趺坐華中往生有分矣。遂無疾坐逝。染香集

宋王日休居士龍舒人宋高宗朝舉國學進士棄官不就。既修淨業日課

千拜。著書名龍舒淨土文。自王臣以至優丐之屬。咸以淨土法門勸引皈依。其文淺說曲諭。至詳至懇。若父兄之教子弟然。後廬陵李彥弼有疾垂死。夢一人自稱龍舒居士。曰汝食白粥。疾當瘳。且汝尚憶闕仲雅教汝修行捷徑否。弼曰每日念佛不輟。既覺索粥食之立瘉。彥弼稔聞日休名。尋遣諸子往受學焉。不久囘云。日休將卒前三日。遍別道友。勉以精進淨業。云將有行。不復相見。及期與生徒講書畢。禮誦如常。至三更。忽厲聲念阿彌陀佛數聲。曰佛來接我。屹然立化。弼後見所夢與畫像合。而感之為刻日休像。并述其事傳遠近。自是廬陵人多祀之。咸祐中呂元益重刻淨土文。至祝願篇板中得舍利三顆。其叔父師說載其事於篇首。樂邦文類

清。吳生。杭州人。祖父俱庠生。順治初年。兵圍城。父母失散。生被掠。送張將官標下服役。生年方十三。自歎吾本儒家子。今下賤若此。必是宿業。遂於

佛前立誓持齋念佛，日誦金剛經，回向西方。年十六，本官發糧充丁，即將糧銀買香供佛，跪誦阿彌陀佛聖號。後忽告本官，欲生西方。本官不信，訶爲妖言。次日又至提督前乞假，督怒，批本官捆打五十，毫無怨言。又向各營作別，云某日歸西。至期沐浴焚香，禮佛畢，仍至本官船上叩辭。本官大怒，遣兵迹之。見其西向三拜，端坐說偈曰，身在營中心出家，身披鎧甲是袈裟。刀刀親見彌陀佛，箭箭射開白蓮華。遂自吐火焚其軀，合營官長，皆遙望羅拜。本官合門，因是齋戒。（蓮藏集）

清癡頭道士，姓王，直隸人，極愚，親亡乏食，困餓依廬，無所爲計。或與之錢，亦莫辨其數之多寡。京邑陳道人收爲徒，令日掃地拾柴，晚則課彌陀佛號數百，禮拜，炷香爲度。癡頭誦佛不成韻，每昏沈欲睡，道人以長竿擊之，曰，汝愚昧若此，尚不知精進耶。如是者三載，一夕呵呵大笑，道人復擊之。

癡頭曰。今日打我不得矣。詰其故。曰。師枯坐十八年。不知修法。若能如我老實禮念。早生西方見佛矣。道人奇之。而莫測其謂。翌日癡頭登峭崖。向西合掌。屹立而化。闍維得舍利二粒。染香集

評曰。道士往生。古傳罕聞。今癡頭以愚昧之子。爲千古特出之人。而黃冠者流。則曰。我學神仙。念佛乃愚夫所爲。豈非反被聰明誤耶。

昔天竺阿輸迦國一婆羅門。愚癡無智。愛婦情深。不知厭足。其婦信佛。擊金鼓唱阿彌陀佛。時夫挪入宿。婦乃與約。每夕同擊金鼓唱佛。畢始宿。婆羅門如言。行至三年。病死。五日復蘇。泣與婦曰。吾死將入鑊湯地獄。鬼卒以鐵杖打罪人。擊鑊發音。吾驚魂昏憒。記汝擊金鼓念佛聲。遂唱南無阿彌陀佛。頓時鑊湯如涼池。蓮華彌滿其中。所責罪人。皆坐蓮華上。得生淨土。冥王懽喜。放吾還世。卽說偈云。若人造多罪。應墮地獄中。纔聞彌陀名。

猛火爲涼池。三寶感應要略宋越國夫人王氏哲宗從父荆王之妻也。專修淨土晝夜無間導諸妾婢幷志西歸。中有一妾獨懈夫人曰不可以爾一人壞我規矩擯之。妾悚悔遂益精進久之弗倦。一日謂同事曰吾其行矣。夜聞異香滿室無疾而逝。越宿同事者告夫人言夜夢化去之妾令致謝夫人幸蒙訓責得生西方感德無量。夫人曰彼能入我夢乃可信爾。其夕夫人夢亡妾致謝如前。夫人曰西方可至乎。妾曰可遂導夫人行。頃之見一大池中有蓮華大小間錯或榮或悴。夫人問其故妾曰世間念佛者才發一念此中便生一華勤惰不同榮悴遂異。精進者榮怠廢者悴。若歷久不息念熟觀成形消神謝決生其中。中有一人朝服而坐寶冠瓔珞莊嚴其身。夫人問曰何人也。妾曰楊傑也。又一人朝服而坐其華頗悴夫人又問何人。曰馬玗也。兩人皆修淨業事載淨土聖賢錄。夫人曰我當生何處。妾導之行。可數里。望見一華臺。金碧晃耀。光明洞然。妾曰。此夫人生處。乃金臺上品上生也。既覺悲喜交至。其年遇生日。晨起秉鑪爇香。望觀音閣而立。諸眷屬方趣前爲壽。視之則已化去矣。（往生傳）

唐張善和。殺牛爲業。臨終見牛數十頭。作人言曰。汝殺我。善和告妻急延僧爲我念佛。僧至謂云。經言若有衆生作不善業。應墮惡道。至心具足十念稱阿彌陀佛者。除八十億劫生死之罪。即得往生極樂世界。善和云。地獄至急。不暇取香鑪矣。即以左手擎火。右手拈香。向西厲聲稱佛。未滿十聲。遂云佛來也。已與我寶座。言訖而終。（淨土聖賢錄）（惡人往生。尚有殺雞之張鍾馗。業漁之宋金頭。業獵之馮珉等。冀讀者普勸是類。改業念佛。因附之。）

清光緒間。湖北黃陂有某貞女。忘其姓名。幼稟宿慧。父母爲擇壻。誓不嫁。從師受菩薩戒。持名念佛。求生淨土。足不出閨闥。一日其嫂令其爲兒取溺衣。貞女曰吾心即佛心吾手即佛手不可以不淨觸也。嫂哂曰妹異日嫁得夫壻獨不養子耶。貞女悵立良久不得已以兩指拾與之。嫁期將近示微疾屢請父母速備後事。嫁之前一日貞女含笑曰西方極樂兒幸往生母以爲念。乃趺坐合掌念佛化去。坐缸三年啓視體貌如生據別傳云體貌如生唯昔曾拾濁布二指色灰黑且將脫。近代往生傳

民國慈溪一貧婦忘其姓。家貧子逆一日被子罵心苦難受訴之鄰近寺僧。僧曰汝已知苦何不賣去。婦曰如何賣得了。僧曰汝專念阿彌陀佛求生西方臨終佛來接去則永離衆苦但受諸樂便把苦賣了。婦曰我母子共房灶俱在內牀下尚作豬圈如此邋遢何能念佛。僧曰無妨汝在家時祇管念暇時來寺拜佛。婦即依教奉行專求脫苦念佛無間二三年後預示其子云某日我要生西當爲我料理盡母子之道其子不信久之又言

子亦不信。一日其子忽聞異香撲鼻，不知何來，遍覓無獲，乃信母言是實。至期見母自沐清潔，穿淨衣果端坐念佛而逝，時在民國十年前後。如此貧婦，一無所知，念佛數年，尚能預知時至，異香先發，安然坐逝。可見淨土法門，真無人不堪修者。淨土聖賢錄

清，丁童子常熟人，居梅里鎮。七歲時，聞其父母持佛名，亦每朝持之。未幾，有微疾。晨臥忽蹶然興曰，今日未課佛名，自誤大矣。遂盥漱禮誦畢，復就寢。至晚，告母曰，吾隨佛西去，願勿驚訝。乃連聲誦佛名，良久暈絕。母出不意，猶望其蘇。聞喉中作聲，若欲有言，喚之不應。忽大聲稱大慈大悲四字遂絕。次日就殮，舉體皆冷，而頂則尚暖也。往生近驗錄

民國，查童女名六慶，九江查賓臣居士之女也。賓臣夫婦與童女皆皈依佛法。民國乙酉年，童女六歲，常言我此房屋逼塞的很。七月廿三，其母將

往念佛林念佛。童女定規要隨去。次日即得微疾。終日自結手印。後病轉重。父母懇禱于觀世音菩薩。求加被令好。童女常言。我要去。其父母見其決定要去。遂問汝往何處去。彼即以手向西指。其父曰。汝去可也。童女即瞑目而逝。近代往生傳

佛化大魚引人念佛。執師子國。海上有島。編戶五百餘。捕鳥爲食。忽有無數魚來。唱南無阿彌陀佛。島人不解佛法。依其音唱南無阿彌陀佛。魚即近岸。頻唱殺之而不去。肉甚美。且久唱得者味最上。少唱得者味漸劣。人嗜魚肉。遂皆唱佛名。後一人死。三月後。乘紫雲放光明來。謂衆曰。吾得生極樂世界。彼佛哀我等愚癡。化作魚身。勸以念佛。汝觀魚骨。皆是蓮華。見者感悟。乃戒除殺生。同皆念佛。三寶感應要略

佛化鸚鵡引人念佛。安息國人不識佛法。居邊鄙。氣質愚。時有鸚鵡鳥。黃

金色、青白文飾、能作人語。國人愛其身肥力強、問曰、汝以何爲食。鳥曰、我聞唱阿彌陀佛名、卽以爲食。若欲養我、但唱佛名、不須別食。諸人聞之、競唱佛名。鳥卽飛騰往還、馴甚、鳥曰、汝等欲見豐饒土否。答欲見。鳥曰、若欲見、當乘我羽翼。諸人乘之、力猶稍弱、鳥勸令念佛、卽飛騰虛空、向西而去。國人歎異曰、此是阿彌陀佛、化作鸚鵡、引攝邊鄙、現身往生。卽于其地立精舍、號鸚鵡寺、每齋日修念佛三昧。自是安息國人、初識佛法、念佛往生淨土者甚多。三寶感應要略

唐河東裴氏家有鸚鵡、常狎而敬之、告以六齋之禁。比及晨後、非時之食、終夕不視。或教以持名念佛者、當自有念、以至無念、則仰首奮翼、若承若聽。其後或卑之念佛、則默然不答。或謂之不念、卽唱言阿彌陀佛。每虛室戒曙、發和雅音、穆如笙竽、念念相續、聞者莫不灑然。貞元十九年七月、悴

而不懌。馴養者知其將盡・乃鳴磬告曰・將西歸乎。爲爾擊磬・爾其存念。每一擊磬・一稱阿彌陀佛。既十擊磬・而十念成・斂羽委足・不震不仆・奄然而絕・閣維得舍利十餘粒・節度使韋皋爲之記。事見佛祖通載。他如宋元祐間・長沙之八哥・聞僧念佛・遂亦念。亡後以棺葬之・俄而口生蓮華一枝・出于土面。（見聞錄）（淨土聖賢錄・載上聖・下凡・各界・異類・共千餘案・讀之自信念佛一法・實乃至簡至要・至頓至圓之勝妙法。）

淨土宗略史

圓淨居士原著　思歸子略增

中土各宗裏面・取得最多數的信仰・獲得最普遍的流傳・勢力最爲宏深的・便是這一門淨土宗。此宗專教人發願往生極樂世界清淨國土・故名淨土宗。諸大乘經所共讚揚・唯淨土三經・（阿彌陀經・無量壽經・觀無量壽經。）專明其致。般舟・悲華・寶積等經・說來更切・就是此宗的起源。馬鳴菩薩在大乘起信論中・勸生淨土。龍樹菩薩・著十二禮・和易行品等。天親菩薩・著往生論等・皆淨土弘傳的源流。自佛法傳入中國以後・雖有淨土教的流布・但大弘此宗・實地修持的・當以東晉慧遠大師爲第一人。自遠公廬山創立蓮社・一時集會者・大都是法門的龍象・和儒林的泰斗。一唱百和・無不率從。後來曇鸞。智者・道綽・善導・清涼・懷感・慈敏・飛錫・承遠・法照・少康・永明・諸大德，無不將此自行化他。以後禪宗諸大宗匠・也有明垂言教・極讚此法的。長廬・天衣・圓照・大通・中峯・天如・楚石・空谷等・各大祖師・雖弘禪宗・偏讚淨土。到明朝蓮池大師・自參笑巖大悟之後・便置彼取此・以爲淨業若成・禪宗自得。以後紫柏・憨山・蕅益・截流・省庵・夢東等諸大師・亦都如此。概觀禪淨兩宗・如單提向上・則一法不立・佛尚無著落處・何況念佛求生淨土・此是真諦之一泯一切皆泯・所謂實際理地・不受一塵・是顯性體的淨。如果確論修持・則一法不廢・不作務便不受食・何況念佛求生淨土・卽是俗諦之一立一切皆立・所謂佛事門中不捨一法・是顯性具的。必欲棄俗諦而修真諦・便非真諦・如棄四大五蘊而言心性・身既不存・心將安寄。如即俗諦而修真諦・即是真諦・如在眼曰見・在耳曰聞・即四大五蘊而顯心性・這就是從上禪宗諸祖師・密修淨土的大旨。我們知道華嚴是諸經之王・而普賢大士以十大願王導歸極樂・所以本宗應以普賢爲初祖。在中土當時慧遠大師・並沒有開宗立派的用意・但期同願・無取傳承・千百年來・本宗雖流布日宏・却沒有師資授受的系統。直到宋代・四明曉法師・才取異代同修淨業而功德高感的幾位大師立爲七祖。即慧遠・善導・承遠・法照・少康・延壽・省常等七人。志盤依著這一說・作了一篇淨土立教志。後來雲棲弟子・又奉蓮池大師爲八祖。後人更列入蕅益・截流・省庵・徹悟・合爲蓮宗十二祖・最近海內緇素・又一體推尊印光法師爲第十三祖。這不過是景仰先德・並不如宗教家的師資相承。因爲淨土一法・是普被三根・統攝諸法・一切諸法・無不從此法界流・無不還歸此法界的。所以就不特立系統了。這樣看來。我們就知道淨土法門。是釋迦和彌陀所建立的。是文殊和普賢所指歸的。是馬鳴和龍樹所弘揚的。是匡廬天台清涼永明蓮池蕅益等。所發揮倡導的。諸菩薩大士。在千百年前。早已爲我們遍研藏教。特地揀出了這個不斷惑業。便預補處的。即此一生便出樊籠的。至圓至頓至簡至易的。即淺即深即權即實。統攝禪教律。而高出禪教律的。特殊超越天然妙法了。我們只消依教奉行。自然可以往生西方。果證無生。位登不退的。前途珍重罷。

古德警訓略錄

靜坐常思己過。閑談勿論人非。○大音希聲。大器晚成。大智如愚。大巧若拙。○見人不是。諸惡之根。見己不是。萬善之門。○不自重者取辱。不自畏者招禍。不自滿者受益。不自是者博聞。○心術以光明篤實爲第一。言語以簡重真切爲第一容貌以正大老成爲第一○安莫安於知足危莫危於多言貴莫貴於無求賤莫賤於多欲○人之謗我也有其能辯莫如能容人之侮我也有其能防莫如能化○謙退是保身第一法安詳是處世第一法含容是待人第一法恬淡是養心第一法○世路風霜吾人鍊心之境也世情冷煖吾人忍性之地也世事顛倒吾人修行之資也○世人談及生死鮮不悚慮往往不能真爲生死者眼前活計放不下耳○說我過者是良醫譽我善者如鴆酒千古道脈期我者明師良友眼前活計誘我者惡友魔黨○圓融者無詭隨之態精細者無苛察之心方正者無乖拂之失沉默者無陰險之術誠篤者無椎魯之累光明者無淺露之病勁直者無徑情之偏執持者無拘泥之迹敏鍊者無輕浮之狀○世出世事莫不成於慈忍敗於忿躁故君子以慈育德以忍養情德育天地萬物皆

歸我春風和氣之中。情養乖戾妖孽。皆消於光天化日之下。○學道不難。伶俐難。於慎重。發心不難。勇銳難。於堅久。涉世不難。矯俗難。於自持。作事不難。敏達難。於深忍。研義不難。領解難。於精確。○學道之人。骨宜剛。氣宜柔。志宜大。膽宜小。心宜虛。言宜實。慧宜增。福宜惜。慮宜遠。思宜近。事上宜虔。接下宜謙。處同輩宜退讓。得意勿恣意奢侈。失意勿抑鬱失措。作福莫如惜福。悔過莫如寡過。應念身世苦空。切莫隨流逐隊。○常想病時。塵心漸滅。常想死時。道念自生。夫病死正現前時。有何我相可恃。有何五欲可貪。有何名利可戀。古董之可携去。不恃我相。我見伏矣。不貪五欲。煩惱降矣。不戀虛名。體面可放下矣。○世情淡一分。佛法自有一分得力。娑婆活計輕一分。生西便有一分穩當。此事只問自心。不必問知識也。知識亦勸人淡世情。輕活計。專求出要耳。

印光法師普勸全球同胞同念觀音聖號啓

觀世音菩薩，於無量劫前，久已成佛，號正法明。但以悲心無盡，慈誓莫窮，故復於十方世界，現菩薩及人天凡聖等身，以施無畏而垂濟度。普門品所謂，應以何身得度者，卽現何身而爲說法。不但現有情身，卽山河船筏，橋梁道路，藥草樹木，樓臺殿閣，亦隨機現，總以離苦得樂，轉危爲安爲事。凡遇刀兵水火，惡病惡獸，怨家對頭，惡鬼毒蛇，種種危險者，果能至誠稱念， 南無觀世音菩薩，卽可蒙菩薩加被，轉危爲安。現在殺劫瀰漫全球，皆無安樂之處，亦無安樂之人。願中外同胞，同念觀音聖號，同以觀音救苦救難之心爲心，同以觀音利人利物之事爲事，則人我念空，鬥爭事息，自可同享太平，共樂天常。縱令定業難轉，喪身失命，亦可仗菩薩力往生西方。則是因宿業而殞身命，蒙佛力而出苦海也。凡我中外同胞，祈共鑑此愚誠。

民國廿六年秋寄居蘇州報國寺七十七歲老僧釋印光啓

法數名義略錄

○一生補處即一生成佛之謂也・○二諦即真俗二諦也・○八十種好即佛之全身有八十種微妙相好也○八萬細行此約大略而言・實有八萬四千・即行・住・坐・臥・四威儀・各持二百五十條戒・則成一千・又攝有情・攝善法・攝律儀・三聚戒各一千・成三千・是名三千威儀・又淫・殺・盜・妄言・綺語・兩舌・惡口・名七支・各有三千・則成二萬一千・又貪・嗔・癡・等分・四煩惱各具二萬一千・則成八萬四千之數也・又名八萬四千律儀。○十惡即上條七支・再加貪・嗔・癡・以此十法・與善相反故・反此十惡・則成十善矣・○十界亦名十法界・即四聖・一佛・二菩薩・三緣覺・四聲聞・六凡・亦名六道・一天・二人・三阿修羅・上三名三善道・四地獄・五餓鬼・六畜生・此三名三惡道・又名三途・總此聖凡善惡・是爲十界也。○十八界即眼・耳・鼻・舌・身・意・六根・對色・聲・香・味・觸・法・六塵和中間能分別六塵境界之六識・即眼識・耳識・鼻識・舌識・身識・意識・合此六根・六塵・六識・是爲十八界。○三皈卽皈依佛・皈依法・皈依僧・又名三自皈依・○三昧梵云三昧・華言正定・卽一切禪定之總稱・○三界界卽欲界・色界・無色界・凡一切天人・均在三界內・○三十二相卽佛全身之妙相・共有三十二種・如頂上肉髻相・眉間白毫相・胸前卍字相・脚下千輻輪相・等等是也・前列八十種好・卽在此三十二相之中・○三際亦名三世・卽過去・現在・未來・也・○三藏卽經藏・律藏論藏也・○三乘一聲聞乘・二緣覺乘・三菩薩乘・○三心一至誠心・二深心・三迴向發願心・又一慈心不殺・具諸戒行・二讀誦大乘經典・三修行六念・迴向發願・上品上生・必具此等諸行・○三摩地梵語三摩地・此云等至・等謂齊等・離沈掉故・至謂至到・到勝定故・亦云持等・謂持平等心・專趣一境故也・○三身卽法身・報身・應身也・○五逆一弑父・二弑母・三弑阿羅漢・四破和合僧・五出佛身血○五無間業上五逆是五無間地獄業因・當感五無間之果報如下・一趣果無間・二受苦無間・三時無間・四命無間・五形無間・○五欲一財・二色・三名・四食・五睡眠・⊙五濁一劫濁・二見濁・三煩惱濁・四衆生濁・五命濁・○心內具三千法卽一心具足十法界・每界又各具十界則成百界・每界又具十如是・則成千如是・又名字一千・正報一千・依報一千共成三千・又心既具三千・事造亦有三千・○六度一布施・二持戒・三忍辱・四精進・五禪定・六智慧是也・○四

土一凡聖同居土・二方便有餘土・三實報莊嚴土・四常寂光淨土・○四重律儀卽不殺・不盜・不淫・不妄語・○四宏誓願卽衆生無邊誓願度・煩惱無盡誓願斷・法門無量誓願學・佛道無上誓願成・○正覺卽佛道也・○安樂世界卽極樂世界也・○阿僧祇梵語阿僧祇・此云無央數・○阿鞞跋致梵語阿鞞跋致・此云不退轉・有三種淺深各不同・一位不退・入聖人之流不退至凡夫地故・二行不退・常度衆生・不退至小乘位故・三念不退・因法執已空・則念念趣向佛果菩提故也・欲知其詳・請閱他書・○阿耨多羅三藐三菩提梵語也・此云無上正等正覺・卽佛所得之究竟佛果菩提・○恆河沙劫梵語恆河・又云殑伽河・此云天堂來・其河旣闊且長・而沙細如粉・佛說經・每舉以況其多・劫者・長時分也・○毘婆舍那梵語毘婆舍那・此云觀・謂以智照理故・亦云正見・亦云了見・謂觀行成時・境智成時・能了了見性・不昏昧故・○奢摩他梵語奢摩他・此云止・以寂靜爲義・卽天台宗之體真止也・○娑婆梵語娑婆・華言堪忍・卽吾人所居之極苦世界之名・謂能忍受其衆苦故・

思歸集卷四終

念佛論

湛山倓虛大師爲初機學佛略說　　大光記述

佛法發源於印度，流傳於中國，乃至世界各國。其目的無非令人覺悟自心，離苦得樂。蓋佛者覺義，自覺覺他，覺行圓滿。又佛以慈悲爲本，慈能與樂，悲能拔苦故。

佛出世後，說法四十九年，經後人結集起來，成三藏十二部。因爲衆生根性不一，對於所稟教法亦異，傳到中國之後，就在這三藏十二部之中，大致分出來宗，教，律，密，淨，五大宗。這並不是佛特意的分出這五大宗來，在佛經裏面也查不出有什麼宗什麼派，是爲了適合衆生的根性，在自然的趨勢中，後人繼續前人，各宗所學，才建立了這五大宗。

五大宗的宗門下。是教外別傳。專門修禪功。直指人心。見性成佛。教下門頭是先悟後修。由修而證。律宗是專持佛的戒律。先以執身。次第攝心。如五戒。十戒。二百五十戒。菩薩戒。三聚淨戒……等。由於嚴淨戒律。故乃能由戒生定。因定發慧。密宗是專門持咒。注重事項。須三密相應。這四宗比較起來。最初入手都稍難一點。惟獨淨土宗最簡單。最直捷。只堅持一句南無阿彌陀佛。念至一心不亂。即可蒙佛接引往生極樂。無論利根鈍根。都能攝受。

修淨土法門。唯一的行持。就是誠心念佛。如果有人要問。爲什麼要念佛。現在先就字義上來說明這兩個字。念字是一個今字和一個心字合成的。分開來說。就是今心。合起來說。就是念。佛字是印度梵語具足云佛陀耶。按中國意思來說。就是覺悟的意思。也就是明白的意思。念佛是人人本分的事，也是人人本能的事。念佛的意義，就是求得現前一念心的覺悟與明白。一念具足十法界，所謂十世古今，不離當念，微塵剎土，不隔毫端。如能發心念佛，則一念念佛，一念覺悟。念念念佛，念念覺悟。一念念佛，一念明白，念念念佛，念念明白。人誰不願覺悟，誰不願明白，但是人們口裏只管說想覺悟，想明白，而心裏却存着一些糊塗想，由於心有糊塗想，身體就去做糊塗事。什麼是糊塗想，就是意三業貪瞋癡。什麼是糊塗事，就是身三業殺盜淫，及口四業兩舌惡口妄言綺語。由於身口意三業不淨，所以整天六根對六塵，分別聲色貨利，是非好醜，在所知所覺上做活計。念佛就是要回生換熟，放下這些所知所覺，離開能知能覺，而恢復到本知本覺上去。能夠恢復本覺，就能成佛。成佛也並不是另外添了些什麼東西，就是用念佛的功夫，念得打成一片，把人們心裏那些骯髒東西，去得乾乾淨淨，骯髒東西去淨了，佛性也就現前了。
因爲人心本來是覺悟的，光明的，其體周遍法界。只因無始闇動，被六塵所蔽，人們的知覺，偏在一方面去，只認識此色身小我，而忽略了盡虛空，遍法界的覺性大我。殊不知人們所認爲是我的這個身體，是地，水，火，風，空，根，識七大假合而成，如果把它分散開，這個身體就不存在了。例如皮肉筋骨，是屬於地大。血脈津液，是屬於水大。溫熱煖觸，是屬於火大。氣力動轉，是屬於風大。身體內外的虛空，是屬於空大。（如果沒有虛空，就把人憋死了。）另外要有六根，卽眼耳鼻舌身意，是屬於根大。每一根中要有一識，卽是六識，屬於識大。如果把這些東西都分了家，一個人就不存在，那裏還有個我呢。就是當前由於七大假合，有這麼一個我，實際上不過是個臭皮囊，裏面裝一些腥臊爛臭骯髒東西。比如在我們講開示的時候，忽然有人用一個皮口袋裝滿了大糞，紮上口送進來，我們大家都以爲這是骯髒東西，捏着鼻子嫌臭，躲遠遠的，或趕緊把它扔出去，以爲是褻瀆。其實我們人人都是個臭皮口袋，我們人的這個臭皮口袋，還不如用一個真的皮口袋裝上大糞送進來的比較乾淨。因爲送進來的這個臭皮口袋還紮着口，我們人人這個臭皮口袋上下都張着口，直冒臭氣，所謂九竅常流不淨。但是人們就以此臭皮口袋是我，還愛的不得了，這樣化裝，那樣保養，如以佛的眼光來說，實屬愚癡顛倒之甚。

大家應該知道，我們這個身體，大家都認爲是我，其實這不是我，而是我所使喚的一個物，應該在「我」字下面加上一個「的」字，稱爲「我的」。因爲這個身體是屬於我的一部分，像一件應用東西，如果我願意使用它的時候，就用它，不願用的時候，就把它放下，不被其所累，如果放不下．就被宅累贅了。

普通一般的習慣．都以這個身體爲我．我以外的便是人．許多人我合起來．就是衆生。每個衆生都想多活幾年．相續不斷．就是壽者。其實這都是些假名假相。比如人我．就是相待假．（對待法．以人而有我．以我而有人故。）衆生就是因成假．（假借衆因緣而成故。）壽者就是相續假．（我人衆生相續不斷故。）如果離開這些．那裏還有個實我呢。

況且我以主宰爲義．人們這個色身之我．宅本身並作不得主。比如人到餓的時候．不吃就不行。渴的時候．不喝就不行。壽命盡了該死的時候．不死也不行。碰到好看的．不多看幾眼也不行。遇到五慾環境．不享受就不行。這已失去主宰之義。殊不知這些吃喝享受是屬於生命上的事．生命是有生有滅的．人們除了生命以外．還有一個慧命．宅是永無生滅的。什麼是慧命永無生滅．就是人人本有的知覺性。這知覺性雖是無形無相．然而它能盡虛空遍法界．無處不有．無處不是．所謂空生大覺中．如海一漚發。念佛就是培養自己的法身慧命．仗佛力．仗自力．求生西方極樂世界．開佛知見．恢復自己的本覺性。

過去的祖師們．如天台智者大師．永明壽禪師．蕅益大師．徹悟禪師……等．末了都歸於淨土．專門念佛。因爲修其他宗往往爲了根器不適合．或者遇不到相當人指導．會出毛病走錯路。念佛人．只要信願行具足．脚踏實地去念．既仗佛力．又仗人力．決不會走錯路的。所以說念佛法門最方便．最直捷。

修其他宗．都是仗自力．能斷惑才能證真．說起來很容易．實際上沒有相當功夫．不容易做到。修淨土法門有一種特別好處．可以帶業往生到極樂世界之後•仗阿彌陀佛的力量•和觀世音菩薩•大勢至菩薩•及其他諸上善人聚會一處•共同熏修。將來慢慢就可以業盡情空•由凡聖同居土•到方便有餘土•由方便有餘土•到實報莊嚴土•由實報莊嚴土•直到常寂光淨土•得見佛的真身。這是說根性淺薄的話•如果是上乘根性•無論生到任何一個佛土裏•都能圓見四土的。

念佛求往生的好處•只要生到西方極樂世界•就永遠不再墮落•永久不再造業•自己可以慢慢加功進行去修行•直至成佛度衆生爲止。修其他宗固然也很好•任何人也不能毀謗。但是如修不到究竟處•仍然要墮落。如過去無著•世親•師子覺三位菩薩•當初志同道合•同發願修唯識觀•生兜率內院見彌勒菩薩•言明誰先去時•到那裏再回來報訊。後來師子覺先圓寂•一去三年不見回來報訊。過三年後世親又圓寂•當他臨命終時•

無著告訴他說．「你到天上見彌勒之後．無論如何．要回來報個訊。」世親去後．過了三年才回來。無著問他．「你爲什麼過了這麼多時才回來。」世親說．「我到兜率內院聽彌勒菩薩一座法．拜了三拜．繞一個圈子就回來了．因爲那裏日夜長．不多會功夫．在人間就過了三年。」無著又問他．「師子覺現在何處．爲什麼不回來報訊，」世親說．「他生天經過兜率外院．還沒有到內院去．就被五欲所纏．到現在還沒有見到彌勒哩。」無著聽說之後．生天很危險．於是從新發願．不生天．願生極樂。（見智者大師淨土十疑論引證。）請想師子覺已是大乘菩薩位子．在天宮尙被五欲所纏．這是多麼危險的事。其他如修禪定功夫．如果超不出三界去．無論到任何一個天上去．待天福享盡之後．仍然要墮落去隨業受報。像楞嚴經上所說的無聞比丘．就是一個很好的例證。可是念佛人就沒有這種危險。不是有這麼兩句話麼．「饒你修到非非想．不如西方歸去來。」這是說就是生到四空天的非非想天．壽盡福滿．仍然要墮落．不如生到西方極樂世界．在九品蓮華台之中．縱然生到下下品．還可以慢慢證到上上品．比生到非非想天也強得多。

念佛期內．每天一開始要念彌陀經．常住裏作晚課的時候．每天也要念彌陀經。念一遍．就是把西方極樂世界的依正莊嚴的境界在心裏熏一遍．使在觀想上成一種西方極樂世界的觀念。也像一部電影片子．念一遍．就等於把西方極樂世界的影子在心幕上放映一遍．日久天長．在六根上所接觸的．整個是極樂世界的最勝境界．妙相莊嚴。在現時來說．雖然還沒生到西方極樂世界去．然而在心理上．却早已被西方極樂世界的境界所包圍．人們的意識在無形中都沉浸在妙相莊嚴的氣氛裏．將來臨命終時，業現前，平日所持誦的阿彌陀佛聖號，諸聖衆等，到這時會真的現身來接引你了。平日所憧憬所縈迴的西方極樂世界的清淨妙境，在一刹那頃，也就化現目前了。所謂「自性彌陀，唯心淨土。」衆生就是佛，佛就是衆生，莫不都是性分所具。心卽土，土卽心，莫不都是唯心所現，祇看人念佛功夫如何。如果信願行堅固不移，自性和佛性打成一片，那麽當下自性卽是佛性，佛性卽是自性。佛具足無量壽，衆生也具足無量壽，佛具足無量光，衆生也具足無量光。阿彌陀佛有西方極樂世界依正二報，相好莊嚴，衆生也有依正二報，相好莊嚴。在阿彌陀經裏說，「皆是阿彌陀佛，欲令法音宣流變化所作。」從這句經文裏，可以證明西方極樂世界的諸般境界，都是隨着阿彌陀佛的福德業相，唯心所現。如果阿彌陀佛能這樣顯現，衆生性和佛性是相同的，衆生又何嘗不能顯現呢。所以說在自性上就是彌陀．在唯心上就是淨土。在性分上並劃不出那是衆生的邊界那是佛的邊界．在淨土上也指不出那是唯心的．那是非心的。西方彌陀與自性彌陀．西方淨土和唯心淨土．都是一整個的。可是要明白所謂唯心．並不是所說的人們腔子裏那個六塵緣影的妄心．是說法法唯心。所說的自性．並不是說人身上四大假合的那個習性．乃是衆生所本有的自性。念佛人每天念彌陀經．對這一點要明白．把自己的信心堅固起來。

阿彌陀經是釋迦佛無問而自說的．裏面是說西方極樂世界依正二報莊嚴．及念佛生西方的．宅的意義．和法華經相同。因爲法華經．也是對舍利弗尊者．無問而自說的。佛說過無量義經之後．便入於無量義處三昧．身心不動．放眉間白毫相光．照東方萬八千土．現出種種瑞相．致使聞法大衆•起種種疑難。經過彌勒菩薩和文殊菩薩爲大衆決疑之後•佛便從三昧安詳而起•沒用人請問•開口卽對舍利弗尊者說•『諸佛智慧•甚深無量•其智慧門•難解難入•一切聲聞辟支佛•所不能知。……成就甚深未曾有法……取要言之•無量無邊•未曾有法•佛悉成就。』

我嘗說•「法華經就是廣說的彌陀經•彌陀經就是略說的法華經。」這兩部經都是全事卽理的話•並沒像其他諸經•說很多法相名詞讓人悟理修行等事。所說的完全是以現量心•觀現量境。如果大家對於法華經和彌陀經細心研究過的•對裏面文義會通起來一對照•就明白了。

法華經共七卷二十八品•前十四品是開權顯實•後十四品是開近顯遠•都是說最上乘法。例如在彌陀經裏說•『若有善男子•善女子•聞說阿彌陀佛執持名號•若一日•若二日•若三日•若四日•若五日•若六日•若七日•一心不亂，其人臨命終時，阿彌陀佛與諸聖衆，現在其前。是人終時，心不顛倒，卽得往生阿彌陀佛極樂國土。』在法華經第二十三藥王本事品說，『聞是經典，如說修行，於此命終，卽往安樂世界阿彌陀佛大菩薩衆圍繞住處，生蓮華中寶座之上。』意義都相同。其他在阿彌陀經裏所說的國土莊嚴，說佛的壽命，說佛的光明，以及六方佛諸佛護念等，雖然和法華經的文相，措詞有廣略不同，但其境界和意義，都是理無二致。所以一句阿彌陀佛是最上乘法，包括無量法門。

一句阿彌陀佛念得相應，當下卽得六根清淨。例如今在念佛期裏面，眼常看佛，就是眼根清淨。耳聽自己及大衆念佛的聲音，就是耳根清淨。鼻子嗅着爐裏的香氣，就是鼻根清淨，舌頭反來覆去的念佛，就是舌根清淨。身體在清淨道場裏，天天向佛拜佛，就是身根清淨。念佛，拜佛，心裏想佛，這就是意根清淨。六根清淨，則三業清淨。三業清淨，則身不作殺，盜，淫，口不兩舌，惡口，妄言，綺語，意不起貪瞋癡，當下卽是十善業。修行人最不容易對治的就是身口意三業。可是這一句阿彌陀佛，就能把三業收攝得住，久而久之，觀念成熟，淨因增長，臨命終時，決定往生極樂。

普通人都以爲成佛是件難事，其實並不難。佛和衆生都是一種觀念功夫所成。佛一念具足十法界，衆生一念也具足十法界。若一念貪心起，就是餓鬼。一念瞋心起，就是地獄。一念癡心起，就是畜生。一念疑慢心起，就是修羅。一念落於五常五戒，就轉於人道。一念落於上品十善，就生天上。若以四諦爲觀念，就是聲聞。以十二因緣爲觀念，就是緣覺。以六度爲觀念，就是菩薩。以自利利他萬行平等爲觀念，就是佛。又如世間人，亦各有各的觀念。如士農工商，軍政警學，最初都是由於觀念所成。觀念什麼，自己就是什麽。念佛人也是一樣。每天眼裏看佛，嘴裏念佛，身體拜佛，心裏想佛，耳根聽佛，時時刻刻，以超生極樂世界爲觀念，這樣到末了，決定能生西方極樂世界，也決定能成佛。

上面我曾說過，中國佛教在自然的趨勢中，經後人分成了若干宗派，如天台宗，賢首宗，法相宗（亦稱慈恩宗或唯識宗）淨土宗，真言宗，禪宗，律宗……等，這都是後人爲了傳承的關係和學習的專門，才建立起來的。在這些宗派之中，其他宗派都是單純的，唯淨土宗和律宗，其行持和教義，滲入了其他各宗，爲其他各宗所共有，而又爲佛的七衆弟子所共學。例如天台宗，賢首宗，三論宗，法相宗等，各宗的判教不同，各宗的修觀亦異，但是總起來說，他們都可以以修淨土爲最方便，都可以念佛成佛，就是禪宗，也要參念佛是誰。無論出家在家，亦無論其學佛動機如何，但其學佛的唯一目標，不外念佛成佛，同時在這學佛成佛的過程中，又要共同遵守着佛的清淨戒律。例如中國南北各大叢林，無論其是某一宗或某一派，在他兩次上殿繞佛的時候，都是念「南無阿彌陀佛。」開口說話應答也是念「南無阿彌陀佛。」當然其最終目的，不外是生西方極樂世界見佛成佛，從此可以想見念佛法門，是多麼的方便而又普徧。還有佛的戒律，也是最要緊的事。佛法的興盛不興盛，端視後人之於戒律持守不持守。如果大家遵守佛的戒律，佛法就可以持久住世，不然的話佛法就隨着時代而趨滅亡了。

佛在世的時候，處處以身作則，大家都以佛爲師。佛滅度後，大家都以戒爲師。佛在臨入滅的時候，四衆弟子爲請佛住世，圍繞在佛的左右，抱頭痛哭。這時無貧尊者，在極端悲慟中忽然想起，佛在世的時候，大家以佛爲依止·今後佛要入滅了·欲令佛法久住於世·有幾件事情需要乘佛在世時問明白。這時·阿難尊者也站在佛的傍邊掩面痛哭·因爲他是佛的常隨衆·傳持佛法的人·佛在每一次說法的時候·他都給佛當侍者在場·因此無貧尊者讓阿難尊者以四事去問佛。其中的頭兩件事就是第一·佛在世時大家依佛爲住·佛滅度後依何爲住。第二·佛在世時大家以佛爲師·佛滅度後當以何爲師。阿難以此去問佛·佛說我滅度後當依四念處爲住。以戒爲師。從此可知戒律之於後世如何重要了。

凡是佛的弟子·都要遵守佛的戒律·縱然不能完全持·也要檢要緊的持·幾條算幾條·持總比不持強。南北各大叢林·各有各的規矩各有各的家風·這些規矩家風·就是人們所共同遵守的戒律。試問那個寺廟庵堂沒有規矩·就是人們的日常往來·應人接物·也都有一定界限和節制·可見持戒和念佛是同樣重要的。現代律宗大德弘一律師、他雖是專門宏律的人、他個人却一心一意的念佛、見人也勸人念佛。其他如諦閑老法師、虛雲老和尚……等、亦莫不注重念佛。所謂教演本宗、行修淨土。

普通說起來佛有七衆弟子、一曰比丘僧、是出家受具足戒的男人。二曰比丘尼、是出家後受具足戒的女人。三曰式叉摩那、譯曰學法女、即是沙彌尼欲受具足戒者、從十八歲至二十歲期間、別學六法（不淫、不盜、不殺、不虛誑語、不飲諸酒、不非時食）過此即可受具足戒而爲比丘尼。四曰沙彌、是出家後受持十戒的男人。五曰沙彌尼、是出家後受持十戒的女人。六曰優婆塞、是在家近事三寶的男人。七曰優婆夷、是在家近事三寶的女人。

在家的念佛人、首先應該歸依三寶、受持五戒。何謂三寶、即是佛寶、法寶、僧寶。佛．如現在的娑婆世界教主釋迦牟尼佛．乃至過去諸佛．現在諸佛．未來諸佛。法．以軌則爲義．就是諸佛所說的言教。僧以傳持爲義．就是紹隆佛法爲後人做模範的人。在三寶中有自性三寶．別相三寶．住持三寶。自性三寶．是衆生本具．非向外求的。如自己靈明覺照的爲佛寶。寂常圓淨的爲法寶。融和妙樂的爲僧寶。何謂別相三寶．謂此三寶各有人法因、果．性．相．體．用的分別。如妙覺及佛的三身．皆謂之佛．眞如理體及一切方便法門皆謂之法．五十位賢聖．皆謂之僧。何謂住持三寶．謂此三寶住持於世．能令佛法傳持不滅．爲世間一切衆生所利賴。例如我們現在所看到的佛像．舍利．就是佛寶。所誦經律論藏．就是法寶。出家徒衆．傳持佛的利生事業．就是僧寶。

大家應該知道．讓人歸依三寶．並不是歸依另外的三寶．是要你歸依自性中本具的三寶。佛譯爲知覺的「覺」字，人人都有個覺性，所以歸依佛，就是歸依自己的覺性。人人都可以從自己覺性中流露出無窮的妙理，歸依法，就是歸依自己本具的真如妙理。人人可以持續從真性中發揮的妙理，歸依僧，就是歸依自己持續覺法的融和妙性。絕不像其他宗教，只許神爲神，不許人爲神。人永遠給神做奴隸，這無奈太不平等了。佛教講究是法平等，無有高下。人人有覺性，人人可以念佛成佛。雖然普通說歸依的時候，是歸依現在的住持三寶，可是那只是給人做引導，主要是讓人歸依到自性的三寶，至於究竟成佛，也絕不是給任何一位佛做奴隸的。念佛人應該對這件事弄明白。成佛絕不是別人可以代替的，也絕不是他人賜給的，是要自己念佛成自性中的佛。

三歸而外，應該最低限度，遵守着五戒，作爲念佛的助行。五戒，就是不殺生，不偷盜，不邪淫，不妄語，不飲酒。不殺生就是仁，不偷盜就是義，不邪淫就是禮，不妄語就是信，不飲酒就是智。持五戒就已竟做到了世間的五常。因爲世間上所需要的，是仁愛，不是殘忍，是道義，不是強暴，是禮讓，不是邪曲，是信實，不是欺詐，是理智，不是愚癡。念佛人持五戒，可以養成仁愛，道義，禮讓，信實，理智，既可做社會的正人君子，又可做爲淨土資粮。

三歸五戒之外，對三十七道品中的四念處，和八正道，都應當常作觀念。何謂四念處，第一，觀身不淨，例如一個人來處不淨，（從陰道出故）去處不淨，（死變膿血土泥）種子不淨，（父精母血）內外不淨，（內而血肉筋骨等，外而髮毛爪齒等不淨）究竟不淨，（一切都不淨）第二，觀受是苦，大概說起來苦有八種，即是生苦，老苦，病苦，死苦，愛別離苦，求不得苦，怨憎會苦，五陰熾盛苦。細說起來，就有無量諸苦。例如一個人到家裏．或到社會．沒有沒煩惱的．所謂不如意事常八九．這不如意事．不能種種遂心．就是苦。第三．觀心無常．心念剎那生滅．無有常住。第四．觀法無我．一切法都是假名假相．沒有一處是真我。簡單的說．這就是四念處．常這樣做觀想．也能鞏固自己念佛的信心。

何謂八正道．就是正見．正思惟．正語．正業．正精進．正念．正定．正命。正見是不存邪知邪見．還有不應當看的就不去看．宅免得污染了自己的眼。正思惟是不應當思惟的事情就不去思惟．宅免得污染了自己純潔的心。正語是不應當說的話就不去說．宅免得污染了自己的口。正業是正當的行業．例如念佛人．和專門在社會上辦慈善事的．當醫生的．病人治好．死人救活．這是一種行業。還有開棺材鋪的．殺猪的．宰牛的．也是一種行業。所謂矢人惟恐不傷人．函人惟恐傷人。同是行業．要找一種厚德積福的正業去做。不要做不正當的。正精進和正業有關。例如上面所說做各種行業的人。同是一樣的精進。一種是上解脫成佛的路上精進。一種是上墮落惡道的路上精進。還有念佛的人。起五更睡半夜勇猛精進。這是直往成佛的路上精進。所以正精進和不正精進就不同了。正念的「念」字。就是人的念頭。在人心意剛要發動而還未發動的時候。就叫做念頭。正念就是處處以善心好心做出發點。不要有絲毫歪曲邪僻的心。正定是鑒於凡是正當的事。就一心一意去做。什麼是正當的好事。如念佛是正當的好事。就一心一意念佛。念至一心不亂。入念佛三昧。這就是屬於正定。正命是以上面諸多正當的事情來檢點自己的身口意。自始至終。以清淨身口意三業。順正法而活命。絕不做其他邪命的事情。這樣解釋八正道。祇是應合初機信佛的人。至於按教理往深裏去說。那又不是這麼簡單了。

念佛人除一心一意念佛之外，爲了恐怕身心放逸，或信願行不堅固，可以常拿四念處和八正道來檢點約束自己的身心。至於念佛的方法，也應按照自己的根性去選擇，大致不外持名念佛，觀想念佛，實相念佛。還有一種最方便的法子，就是呼吸念佛，往裏一吸氣的時候念「南無阿彌」，往外一呼氣的時候念「陀佛。」這樣，只要人有一口氣就念一聲佛，久而久之，時時刻刻，行住坐臥，不離一句阿彌陀佛，這方是真精進。當人臨命終時，最後一息氣欲斷時，人一生的行業，也就隨着最後呼吸的一聲佛，去往生極樂世界，得見阿彌陀佛。

關於念佛得往生的，出家在家，男女老幼，臨命終時種種瑞相，都已載在往生傳內，這種例子已不勝枚舉。我出家後，據我親眼看到的，就有二十多位，其他聽說的還不算。現在爲了啓發大家的信心，且就我所看到的，舉出三位來作例子。

第一是出家的修無法師，他是營口人，做磚瓦匠出身。因生活環境不好，做工時又嫌辛苦，因感到我們這個世界上只有苦，沒有樂，屢思出苦之法。後聽人說念佛好，遂發心常時念佛。出家後，正式聞佛法，念佛心益懇切，逢人亦必勸人念佛。

民國十八年，我在東北哈爾濱極樂寺請諦閑老法師去傳戒。有一天，外寮一位師傅找我說，從營口來一位修無師，預備發心在戒期裏行苦行。之後領來見我，我問他能做什麼，他說我願發心侍候病人。時定西法師在極樂寺任監院，給在外寮找一間房。住了十幾天，又去找我說要走。定西法師在旁說，你發心來侍候病人，爲什麼剛住十幾天就要走，太無恆心了吧。修無師說，我不是往別處走，是要往生，請監院師慈悲，給預備幾百斤劈柴，死後焚化。定西法師問他，你幾時走，修無師說，在十天以內吧。說完這話之後，他便囘自己屋去了。第二天又來找我和定西法師說，給法師告假，我今天就要走，請給找一間房，再找幾個人念佛送送我。定西法師給在公墓院內打掃出來一間房，找幾塊舖板，搭一個舖，又到外寮找幾位師傅去念佛送他。在他臨往生之前，送他的人說，修無師你今天往生佛國了，臨走也應該作幾句詩或作幾句偈子，給留個紀念。修無師說，我做苦工出身，生來很笨，不會作詩，也不會作偈子。不過我有一句經驗的話可以告訴諸位，就是能說不能行，不是真智慧。大家聽他說這話，覺得很踏實。於是大家齊聲念佛，修無師面西趺坐，也跟着一同念佛，念了不到一刻鐘工夫，就往生了。常住臨時給打了一口坐龕，到了晚上裝龕，雖是天氣很熱的時候，其面目清秀異常，身上一點臭味，一個蒼蠅都沒有。諦閑老法師和一般信佛人都爭相去看，歎爲希有。之後用木柴架起，舉火焚化，紅火白煙，一點邪味沒有。後潘對鳧老居士聽說這事，特別將修無師生平念佛事蹟，寫一篇文，印出來分給大家看，認爲是僧人中的好模範。

第二位是鄭錫賓居士，山東卽墨人，業商。因看佛經，知念佛好，遂發心念佛，終身不娶。二十二年在青島，我給說皈依和念佛的好處，自是念佛心益誠懇。把家裏的事情完全交給他弟弟料理，自己專心念佛。以後他習練的能講彌陀經，每年必由卽墨經青島住一兩天，到平度縣給善友們講幾次經。二十四年時，鄭居士還請我去平度講過一次經。二十八年春，鄭居士又經青島去平度縣講經。過了兩個多禮拜，有從平度縣來的人和我說老法師你知道吧。鄭錫賓居士已竟歸咧。（膠東人謂人死曰歸。）我聽他說這話之後很愕然。我說前十幾天他在這裏路過時還很好。爲什麼這樣快就故去了。有什麼病。他怎樣故去的。來的人說鄭錫賓居士在講完彌陀經之後。聽經的人都走了。只剩下五六位辦事人。因大家都是朋友在一塊吃午飯。飯後。鄭居士請他的朋友給租一間房子。說要走。他朋友說。你要走爲什麼還要租房子。鄭居士說。我要往生。因恐死在別人家裏犯忌諱。他朋友說。我們是多年知交。不要說你是往生佛國。就是臥病不起。死在我家裏也應當。何必另找房子。現在我們這裏有很多信佛念佛的。如果你真有把握往生。也給我們這一方念佛的人看看。作一個榜樣。說完這話。他朋友就在自己家裏收拾出來兩間屋。搭一個鋪。鄭居士和他的朋友簡單說幾句告辭的話。抖擻了抖擻身上。在鋪上面向西，盤腿坐好說，給諸位告假，我現在要走了，我們同事信佛一場，請諸位念佛送我一程吧。他的朋友在旁說，你臨終時還不說幾句偈子，給我們作個紀念嗎。鄭居士說，不用說偈子，就你們看到的我這個樣子，來去自如，你們就照我這樣行，這就是個很好的紀念。說完這話大家念佛送他，不到一刻鐘工夫，就含笑往生了。因此在平度縣一帶，人人都知道念佛好。也引起很多人信佛。

鄭錫賓的弟弟，起初看到他哥哥，拋家捨業，專門去念佛，心裏不高興。後來經他的哥哥一再勸說，也勉強信佛，念佛，但並不懇切。此次親眼看見他哥哥念佛往生，預知時至，來去自如，知道念佛絕不是騙人的事，於是也一心一意的專門念佛，三年後也預知時至，念佛往生了。不過臨終時，稍微有點病，不如他哥哥那樣痛快。

第三是一位女居士張氏青島人生有一子一女家境很貧寒其夫在海港碼頭拉車爲生張氏住青島市內湛山精舍附近精舍內立有佛學會每到禮拜日我由湛山寺到此講經居士們聽完經後再念一支香的佛張氏藉此因緣皈依三寶得聞佛法信佛很篤實平素在家念佛禮拜日即領其兩個孩子去佛學會聽經聽完經後照例跟大家一塊念佛二十六年冬一日早清起來張氏忽謂其夫曰你好好領着孩子過吧我今天要往生佛國了其夫因爲生活奔走對佛法少熏習乃怒目斥之曰得咧我們家窮還不夠受嗎你還來扯這一套說完這話後不睬他仍去碼頭拉車張氏又囑其二子曰我今天要往西方極樂世界了你們倆好好聽你父親的話不要淘氣這時他兩個孩子大的不過十歲小的五六歲聽他母親說這話也不知是什麽意思仍舊門裏門外的跑着玩張氏

把家裏的事情略微收拾一下，便洗洗臉，梳梳頭。因是窮家，也沒新衣服換，便換了一套漿洗過的舊衣服，到床上面西趺坐，念着佛就往生了。她兩個孩子，因在外邊玩的時間大，肚子餓了，回家吃飯，見其母在床上坐着，並未煑飯，趨前呼之不應，以手推之，仍是不動，這時兩個孩子才知道他母親已經死了。於是哭着跑到鄰居家去送信，鄰人聞訊趕至，見張氏雖死很久，仍是面目如生，並讚歎其念佛功夫深。後其夫由碼頭回來，痛哭一場。因家貧，無以爲殮，乃由佛學會諸居士給湊款，處理其身後事宜。

人生最要緊的事，就是念佛了生死，無論如何，大家要按照自己的環境，忙裏偷閑來靜坐一會，念一個時間的佛。在工作時間也可以心裏默念。不然，如果整天淫殺盜妄，作奸犯科，造種種業，難免要墜落三途輪迴六道，將是受苦無盡了。佛在楞嚴經上說，『汝負我命，我還汝債，以是因緣，經百千劫，常在生死。汝愛我心，我憐汝色，以是因緣，經百千劫，常在纏縛。惟殺盜淫，三爲根本，以是因緣，業果相續。』大家請想想，造殺盜淫業，是多麼苦，奉勸大家要快念佛，多念佛，所謂「念佛一聲，福增無量，禮佛一拜，罪滅河沙。」

以上把念佛的好處，很散漫的說了一個大概，至於詳細處和究竟處，有淨土五經，淨土十要等可參考，現在我爲了啓發大家的信心，不過簡單一說。希望大家，既然知道念佛的好處，要具足真信心，都攝六根，淨念相繼，踏踏實實，至至誠誠，老實念佛，將來同往西方極樂世界去聚會。

一九五〇年庚寅一月一日於香港華南學佛院大光敬記

徹悟禪師示衆

一、眞爲生死、發菩提心．是學道通途。

二、以深信願、持佛名號．爲淨土正宗。

三、以攝心專注而念．爲下手方便。

四、以折伏現行煩惱．爲修行要務。

五、以堅持四重戒法．爲入道根本。

六、以種種苦行．爲修道助緣。

七、以一心不亂．爲淨行歸宿。

八、以種種靈瑞．爲往生證驗。

國家圖書館出版品預行編目資料

思歸集 / 釋如岑敬輯. -- 初版. -- 新北市：華夏出版有限公司, 2023.07

面； 公分. --（圓明書房；025）

ISBN 978-626-7296-43-1（平裝）

1.CST：淨土宗 2.CST：佛教說法

226.55 112006905

圓明書房 025

思歸集

敬　　輯　釋如岑

鑒　　定　印光法師

印　　刷　百通科技股份有限公司

電話：02-86926066 傳真：02-86926016

出　　版　華夏出版有限公司

220 新北市板橋區縣民大道 3 段 93 巷 30 弄 25 號 1 樓

電話：02-32343788 傳真：02-22234544

E-mail：pftwsdom@ms7.hinet.net

總 經 銷　貿騰發賣股份有限公司

新北市 235 中和區立德街 136 號 6 樓

電話：02-82275988 傳真：02-82275989

網址：www.namode.com

版　　次　2023 年 7 月初版一刷

特　　價　新臺幣 320 元（缺頁或破損的書，請寄回更換）

ISBN-13：978-626-7296-43-1